021
그들이 본 우리
Korean Heritage Books

프랑스 역사학자의 한반도 여행기

코리아에서

스코틀랜드 여성 화가의 눈으로 본

한국의 일상

장 드 팡주·콘스탄스 테일러 지음
심재중·황혜조 옮김

살림

일러두기

1. 이 책은 장 드 팡주의 *EN CORÉE*와 콘스탄스 테일러의 *KOREANS AT HOME*을
   합본한 것이다.
2. 저자 주는 각주로, 옮긴이 주는 미주로 달았다.
3. 옮긴이가 독자의 이해를 돕기 위해 원서에 없는 표현을 본문에 삽입한 경우에는
   〔 〕를 사용해 표기했다.

'그들이 본 우리' ― 상호 교류와 소통을 위한 실측 작업

우리는 개화기 이후 일방적으로 서구 문화를 수용해왔습니다. 지금 세계는 문화의 일방적 흐름이 극복되고 다문화주의가 자리 잡는 등 세계화라는 다른 물결 속에 있습니다. 이제 우리가 주체적으로 우리의 문화를 타자에게 소개함에 있어 진정한 의미에서의 상호 소통을 통한 상호 이해가 필요함은 주지의 사실입니다. 그리고 타자와 소통하기 위한 첫걸음은 그들의 시선에 비친 자신의 모습에 대한 진지한 탐색입니다. 번역은 바로 상호 교류를 통해 자신의 정체성을 확보하기 위한 작업이며, 이는 당대의 문화공동체, 국가공동체 경영을 위해 중요한 과제 중의 하나입니다. 우리가 타자에게 한 걸음 다가가기 위해서는 타자와 우리의 거리를 정확히 인식하여 우리의 보폭을 조절해야 합니다. 그런 의미에서 서구가 바라보았던 우리 근대의 모습을 '번역'을 통해 되새기는 것은 서로의 거리감을 확인하면서 동시에 서로에게 다가가기 위한 과정입니다.

한국문학번역원이 발간해온 〈그들이 본 우리〉 총서는 바로 교류와 소통의 집을 짓기 위한 실측 작업입니다. 이 총서에는 서양인이 우리를 인식하고 표현하기 시작한 16세기부터 20세기 중엽까지 우리의 모습이 그들의 '렌즈'에 포착되어 기록되어 있습니다. 그들이 묘사한 우리의 모습을 지금 다시 읽는다는 것에는 이중의 의미가 있습니다. 우선 우리는 그들이 묘사한 우리의 근대화 과정을 통해 과거의 우리를 확인할 수 있습니다. 하지만 이 작업은 다른 면에서 지금의 우리가 과거의 우리를 바라보는 깨어 있는 시선에 대한 요청이기도 합니다. 지금의 우리와 지난 우리의 거리를 간파할 때, 우리가 서 있는 현재의 입지에 대한 자각이 생긴다고 할 수 있습니다. 이런 의미에서 이 총서는 시간상으로 과거와 현재, 공간상으로 이곳과 그곳의 자리를 이어주는 매개물입니다.

이 총서를 통해 소개되는 도서는 명지대-LG연암문고가 수집한 만여 점의 고서 및 문서, 사진 등에서 엄선되었습니다. 한국문학번역원은 2005년 전문가들로 도서선정위원회를 구성하고 많은 논의를 거쳐 상호 이해에 기여할 서양 고서들을 선별하였으며, 이제 소중한 자료들이 번역을 통해 일반인들에게 다가감으로써 우리의 문화와 학문의 지평을 넓혀줄 것으로 기대합니다. 한국문학번역원은 이 총서의 발간을 통해 정체성 확립과 세계화 구축을 동시에 이루고자 합니다. 우리 문학을 알리고 전파하는 일을 핵심으로 하는 한국문학번역원은 이제 외부의 시선을 포용함으로써 상호 이해와 소통이 현실적으로 가능하도록 더욱 노력하겠습니다.

끝으로 이 총서가 세상에 나오게 힘써주신 여러분들께 감사드립니다. 특히 명지학원 유영구 이사장님과 명지대-LG연암문고 관계자들, 도서 선정에 참여하신 명지대학교 정성화 교수님을 비롯한 여러 선생님들, 번역자 여러분들, 그리고 출판을 맡은 살림출판사에 감사드립니다.

2009년 5월
한국문학번역원장 김주연

한국의 신랑.

겨울 한복을 입은 소녀.

황제의 시종.

김규해 씨. 맥리비 브라운의 통역관.

고풍스러운 서울 거리.

차례

프랑스 역사학자의 한반도 여행기

코리아에서

장 드 팡주 지음
심재중 옮김

JEAN DE PANGE

EN CORÉE

Ouvrage illustré des photographies de l'auteur
et accompagné d'un itinéraire.

DÉCORTICAGE DU RIZ.

PARIS
LIBRAIRIE HACHETTE ET Cⁱᵉ
79, BOULEVARD SAINT-GERMAIN, 79
1904

차례

마을 입구의 장승들.

제 1 장
서울

첫인상 — 제물포항 — 서울의 정경 — 구궁 — 신궁 — 감옥 — 이용익과의 접견 — 보부상과 양반

조급한 '미국화'의 열기에 사로잡혀 용을 쓰고 있는 현대 일본의 '일급 호텔들'과 체계적으로 개발된 경관을 벗어난 지 얼마 안 되어 코리아(Corée)[1]에 발을 내딛는 순간, 우리는 잊을 수 없는 어떤 평온함을 느끼게 된다. 북아프리카의 지중해 연안 사람들을 연상시키는 헐렁한 흰색 옷차림의 무사태평한 코리아 사람들을 보노라면 황화론(黃禍論)의 망령 따위는 이내 사라지고 만다. 대(大)항로 상에 위치해 있다는 탁월한 조건과 잠재적인 풍요로움에도 불구하고, 열강들의 각축 덕분에 오히려 서구 문명의 거부할 수 없는 흐름으로부터 비껴나 있을 수 있었던 나라인 이 '은둔의 나라'는 그 이름만으로도 이미 우리의 뇌리 속에 극동의 모로코라는 생각

을 떠올리게 한다.

그렇지만 방금 떠나온 일본의 풍경과 처음 보는 코리아의 풍경 사이에 눈에 띄게 큰 차이는 없다. 논으로 뒤덮인 아기자기한 골짜기들도 그대로이고, 골짜기를 둘러싼 구릉 위에 층층이 서 있는 구불구불한 소나무들, 삼나무들, 단풍나무들, 밤나무들도 그대로이다. 기후도 평양과 장산² 이남의 경우에는 일본 열도의 기후와 매우 흡사하다. 그런데 땅의 모습은 코리아와 일본이 많이 닮았지만 이상하게도 주민들의 모습은 서로 차이가 난다. 그중 가장 인상적인 것은 코리아 사람들이 1년 내내 입는, 헐렁한 소매가 달린 흰색의 면 옷이다. 평민 여자들도 치마와 목 언저리까지 내려오는 아주 짧은 저고리를 입는데, 대개는 온통 흰색이다. 그렇지만 귀부인들은 머리와 어깨 위에 연초록색 망토를 걸치고 양 소매를 펄럭거리며 다닌다. 머리 모양 또한 놀라움의 대상이다. 남자아이들은 땋은 머리를 하지만 결혼을 하면(부유한 집안에서는 보통 열두 살이면 결혼을 한다) 머리를 틀어 올린다. 그리고 삶의 갖가지 상황에 맞춘 다양한 형태의 작은 말총 모자를 그 위에 덮어쓴다. 비가 올 때는 그 말총 모자 위에 다시 기름을 먹인 종이 고깔을 덧쓴다. 또 상을 당한 남자들은 턱 밑에 끈으로 묶게 되어 있는, 머리에 쓰는 부분은 작지만 챙은 엄청나게 큰 밀짚모자와 부채 뒤에 자기 몸을 숨긴다. 그런 옷차림을 하고, 코리아의 남자들은 대문 앞에 웅크리고 앉아서 믿기지 않을 정도로 긴 파이프 담배를 피우며 끝없이 한담을 주고받는다. 활동적인 기질의 일본인들은 그런 나태한 태도를 용납할 수 없었다. 그래서 1895년에 일본인들이 서울을 점령했을 때, 이노우에 백작은 도성 입구에 큰 가위를 든 보초들을 세워서 지나가는 행인들을 붙잡아 커다란 밀짚모자를 벗긴 다음, 상투는 물론이고 저고리 소매를 잘라내고 파이프도 동강내도록 지시했다. 그는 표트르 대제[3]의 예에서 영감을 받아 그 거추장스럽고, 불필요하고, 자질구레한 것들을 없애버리면 원주민들의 기질도 좀 더 나은 방향으로 변하지 않을까 생각했던 것이다. 그러나 코리아 사람들은 그런 식의 실험을 별로 탐탁해하지 않았고, 1896년 2월의 강력한 반일 움직임을 통해 그 실험에 종지부를 찍었다.

우리는 한강 하구의 제물포항을 통해 서울에 도착했다. 부두에 닻을 내리기가 어렵고 또 상당히 멀어서 부두까지 나룻배로 이동해야 했다. 1883년에 외국 상인들에게 제물포항이 처음 개방되었을 때, 포구 안쪽에는 어부들의 오두막 몇 채밖에 없었다. 코리아의 모든 도시들이 그렇듯이 지금은 2만 명의 주민들이 살고 있는 제물포도 기둥을 세우고 초가지붕을 인 토담집들이 모여서 이루어진 큰 마을의 모습을 하고 있다. 그 투박한 모습은 길에 포석을 깔고 석조 건물에 기와지붕을 얹은 중국 도시들의 모습과 아주 대조적이다. 제물포에는 세 곳의 외국인 구역, 즉 중국인 구역과 일본인 구역, 그리고 유럽인 구역이 있다. 도시 중심에 있는 일본인 구역이 가장 큰데, 주민이 5,000여 명에 달한다. 그곳에 일본의 서울철도회사 사무실과 두 개의 해운 회사, 즉 항해선으로 연안 해운을 하는 '니폰 유센'과 '오사카-조선'의 사무실이 있다. 서쪽에는 자국 영사가 관할하는 중국인 구역이 있다. 광둥(廣東) 출신의 농부들이 많이 사는데, 그들은 봄에 그곳에 와서 도시 근교에서 야채 재배를 한 다음, 겨울에 본국으로 돌아간다. 그런 유동

제물포항의 하역 인부들.

인구 때문에 확실한 것은 아니지만, 중국인 거주자의 수는 평균해서 500여 명 정도로 추산된다. 동쪽에는 유럽의 세관과 영사관들이 위치한 유럽 조계(租界)가 있다. 그곳에서는 담배 공장 하나와 '홍콩 상하이 은행'의 사무소, 미국, 독일, 영국의 금광 사무소들이 눈에 띈다. 선교단은 세 곳이 있는데, 병원 하나와 예배당을 소유한 성공회, 샤르트르의 성 바울 수녀원과 도시 전체가 굽어보이는 언덕 위에 벽돌로 지은 아름다운 성당 하나를 소유한 가톨릭, 그리고 감리교가 있다. 제물포항의 중요성은 무엇보다도 그곳에서 서울행 보세(保稅) 운송이 이루어진다는 점에 있다. 현재 제물포는 미국인들이 건설한 것을 일본인들이 매입한 철도로 수도와 연결되어 있다. 철도는 구릉과 논 사이를 가로지른 다음, 한강의 아름다운 철교를 지나 서울의 서쪽 관문에 다다른다. 불경스럽게도 철도가 도성의 경계 안까지 정복자처럼 당당하게 파고들어간 베이징(北京)과 달리, 이곳의 유럽식 철도는 도시 입구에서 끝이 난다.

따라서 짐꾼들의 등에 짐을 실어서 요철 모양으로 총안이 나 있는 성벽을 따라 언덕길을 올라가야 한다. 성벽은 높이가 약 6미터 정도이고, 베이징과 마찬가지로 2층 지붕의 뾰족한 모서리가 하늘로 치솟아 있는 대문의 궁륭 밑으로 성벽을 통과한다. 그런 대문이 여덟 개 있는데, 흥인지문, 숭례문, 창의문처럼 이름들이 시

제물포항의 전경.

적이다. 최근까지도 해가 떨어지면 바로 성문을 닫고 열쇠를 궁으로 가져가버렸기 때문에 늦게 도착한 사람들은 여기저기 허물어진 성벽들을 이용해 담을 타넘는 수밖에 다른 방법이 없었다. 초가지붕을 인 나지막한 토담집들이 늘어선 미로 같은 좁은 길을 따라가면 마침내 왕궁 입구에 있는 프랑스 호텔에 이른다. 그 호텔에서는 아침마다 고관들이 도착하는 장면을 볼 수 있는데, 유럽식 제복을 입은 보초들이 에워싼 붉은색 주랑의 현관 앞에 번쩍번쩍 옻칠을 한 가마들이 멈추어 선다. 왕궁에 이웃해 있다는 사실이 괜스레 기분은 좋지만, 새벽부터 궁의 경비를 교대하러 오는 수비대의 요란한 팡파르와 끝날 줄 모르는 분열 행진은 오히려 성가시기 짝이 없다. 그래서 외곽 지역에 있는 영국 호텔의 주인은 '군대의 행진에서 멀리 떨어져 있다는 사실'을 자기 호텔의 장점으로 내세운다.

코리아에서의 여행에는 몇 가지 절차와 아주 많은 준비가 필요한데, 그래야만 서울 거리의 생생한 세목(細目)들을 맛볼 수 있다. 서울에서는 장정 셋이 다루는 벼 방아 기계도 볼 수 있고, 조랑말을 벌렁 자빠뜨려서 네 다리를 잡고 편자를 박는 장면도 볼 수 있다. 갓 벗겨낸 짐승 가죽을 길 한복판에 펼쳐 널어서 지나가는 행

말에 편자를 박는 모습.

인들의 발길로 무두질을 하기도 한다. 돗자리를 파는 가게 옆에서
는 주물공들이 현지산 적동(赤銅) 덩어리를 망치로 부수어 납과
뒤섞는다. 다른 곳에서는 발효시켜 곡주를 만들기 위해 사람들이
보리와 밀기울을 으깬다. 또 어떤 이들은 쌀가루 반죽을 체에 눌
러서 국수를 만드는데, 체 밑으로 떨어진 국수는 끓는 물이 담긴
항아리 속에서 삶아진다. 이곳에서는 천으로 된 흰 띠를 길에 가
로질러 쳐서 집에 죽은 사람이 있다는 것을 알린다. 열린 문을 통
해 흰 천에 덮인 채 누워 있는 시신과 그 주위에 웅크리고 앉아
밤샘을 하는 친족들을 볼 수 있다.

서울역에 도착한 기차와 머리에 망토를 쓴 여인들.

서울 도착: 역에서 성내로 짐을 운반하는 모습.

서울은 현 왕조의 시조이자 14세기 말 인물인 왕위 찬탈자 이태조에 의해 세워졌다. 그는 유교의 부활로 위협받고 있던 불교의 전파와 보호에 헌신했다. 그는 산속에 요새 역할을 할 수 있는 사원들을 지어서 승병들에게 지키게 했다. 새로운 도읍지의 선택도 후대의 에스코리알 궁전[4]이 그렇듯이 그가 지닌 신비주의적인 기질로써만 설명이 가능하다. 그는 강에서 멀리 떨어진, 화강암질의 산으로 빙 둘러싸인 곳에 자신의 궁궐을 지었고, 20만 명의 주민으로도 채워지지 않는 드넓은 공간에 성곽을 둘러쳤다.

서울의 북쪽은 모두 궁궐이 차지하고 있다. 폭이 100미터 가까이 되는 큰길을 따라가면 두 개의 거대한 사자상 사이로 이태조가 머물던 구궁(舊宮)의 대문[5]이 나타난다. 웅장한 북한산이 궁궐을 내려다보고 있는데, 북한산의 사원은 예전에 왕들의 피신처 역할을 하기도 했다.

그 대문은 가장자리가 위로 말려 올라간 2층 지붕이 산허리를 배경으로 뚜렷이 부각되는, 아치가 세 개 있는 일종의 개선문이다. 가운데 아치는 왕이나 전권공사들이 지나갈 때 말고는 항상 닫혀 있었지만, 나머지 두 개의 아치는 구궁이 사용되던 시절에는 항상 열려 있었다. 구궁은 1894년 7월에 세자의 방에 뱀 한 마리가 떨

서울 거리.

어지는 불길한 사건이 있은 뒤로 더 이상 사용되지 않았다. 그래서 지금은 궁궐 내부가 모두 폐허로 변했고, 안뜰은 잡초가 자라서 말 그대로 덤불이 되었다.

그 동쪽에 신(新)궁이 위치해 있다. 포석이 깔린 두 개의 넓은 안뜰을 가로지르면 다채로운 조각을 새기고 붉은색 푸른색으로 칠을 한 목재 건물인 알현실[6]이 나온다. 지붕을 떠받치고 있는 거대한 나무 기둥들 사이에는 좌우로 열리는 미닫이문들이 달려 있다. 방의 안쪽에 있는 여섯 개의 계단을 오르면 환상적인 풍경이 그려진 닫집 앞에 어좌(御座)가 놓여 있다. 엄숙한 의식이 치러지는 날이면 왕은 어좌에 앉아서 왕국의 모든 업무에 대한 보고를 들었다. 그럴 때면 미닫이문들을 모두 활짝 열었는데, 화려한 복장의 중신들로 둘러싸인 어좌에서 모든 관리들이 품계에 따라 도열해 선 안뜰을 굽어보는 왕의 시선 앞에 펼쳐졌을 동양의 장관(壯觀)을 상상할 수 있다.

좀 더 가면 궐내각사(闕內各司)가 있고, 연꽃으로 덮인 연못이 하나 나온다. 연못 한복판에 테라스가 있고, 거대한 붉은색 화강암 암반 위에 세워진 아름다운 여름 정자[7]가 있다. 아주 화려한 그 정자는 현왕의 아버지인 대원군의 작품인데, 그는 그 건축물을 짓느라 국고를 탕진했다. 그 너머로 후궁의 작은 집들과 총림(叢林)

이 보인다. 바로 그곳에서 1895년 10월 8일 밤, 사전 내통에 의해 일본 군인들과 '낭인'들이 궁궐에 난입해 왕비를 시해하는 참사가 벌어졌다. 희생자를 착각하는 우를 범하지 않으려고 그들은 정원으로 달아나는 다른 여인들도 쫓아가서 모두 살해했다. 그런 다음 그들은 왕을 볼모로 잡았다. 왕은 1896년 2월 11일에야 도망해 러시아 공사관으로 피신할 수 있었다. 뒤이어 완전한 독립을 선언하기 위해 왕은 중국이나 일본의 군주들처럼 황제의 칭호를 사용했고, 1901년 2월 20일에는 '대황제'라는 칭호까지 썼다. 하지만 일본군의 테러가 있은 뒤에 그는 유럽 공사관들의 직접적인 보호 아래 지어진 옹색하고 작은 궁궐에 계속 머물러야 했다. 사실 유럽 공사관들은 서대문 근처의 언덕 위에 모여 있었는데, 유독 일본 공사관만 코리아에서의 자신들의 특별한 입지를 과시라도 하듯 멀리 남산 중턱에 외따로 떨어져 있었다.

서울의 주요 현대 건축물 중 하나로 감옥을 꼽을 수 있는데, 우리는 프랑스인 거주 집단의 최고 연장자이자 법무부관인 C씨와 함께 그곳을 방문했다. 그는 사이공 상고법원의 초대 원장이었는데, 지금은 코리아에 머물고 있다. 몇몇 수인들은 목에 칼을 두르고 있었지만, 대부분의 수인들은 발만 묶인 채 유럽식 죄수복을 입고 간수들의 감시하에 작업을 했다. 전체적으로 관리가 꽤 잘되

서울의 감옥 : 목에 칼을 쓴 수인들.

고 있어서, 예컨대 상하이의 감옥보다 나아 보였다. 인상이 아주 좋아 보이는 젊은이 하나는 유명한 독립협회 소속의 죄수였는데, 1900년부터 개혁을 위해 투쟁해온 사람이었다. 그는 사면을 얻어내기 위해 우리의 안내인에게 다가와서 영어로 부탁을 했지만, C씨는 그럴 만한 위치에 있지 않았다.

장산으로 떠나기 전에 우리는 서울-의주 간 프랑스 철도의 수석 엔지니어와 함께 이용익 경(卿)[8]을 면담했다. 이용익은 광산 지역의 단순 노무자 출신으로 지금은 아시아에서 유례가 없을 정도로 왕의 총애를 받고 있는 권세가이다. 그는 궁궐 뒤편의 평범한 집에서 살았는데, 집 입구에는 코리아 병사들이 보초를 서고 있

서울의 감옥: 독립협회 소속의 죄수.

었다. 안뜰을 지나자 경이 우리를 맞았고, 우리는 그와 함께 종이 바른 창으로 밀폐된 작은 방의 돗자리 위에 웅크리고 앉았다. 코리아 사람들이 일반적으로 키가 크고 체격이 좋은 편이긴 하지만, 이용익은 유난히 키가 크고 체격이 좋았다. 전통 의상 차림이었는데, 겨드랑이 아래 부분을 검은색 끈으로 묶은 흰색의 긴 두루마기를 입고 작은 말총 모자를 쓰고 있었다. 얼굴 표정은 사나워 보일 정도로 정력적이었고, 검고 숱이 많은 턱수염에도 불구하고 튀어나온 턱뼈가 눈에 띄었다. 쿠션에 기대어 반쯤 눈을 감은 채 그는 나지막한 목소리로 통역의 질문에 대답했다. 그는 우리가 국내를 쉽게 여행할 수 있도록 공직자들의 통행 허가증인 '관수'[9]를 보

내주겠다고 했다. 그러나 정부가 언제쯤 철도 공사를 시작할 것인
지에 대한 L씨의 질문에는 애매한 미소로 답했다. 접견 도중에 서
명 날인할 서류들이 도착하자 그는 즉시 국새(國璽)를 가져오게
했다.

사실 그는 황제의 사금고와 공적인 재정을 두루 주무르고 있는
인물이었다. 또한 그는 군부대신이자 경찰 총수였고, 직함이 없을
때에도 재정, 국방, 내무 업무를 실질적으로 관장했다. 그는 개인
재산이 엄청난 것으로 알려져 있었고, 바로 그 때문에 '코리아의
이홍장'이라는 별칭을 얻기도 했다. 러시아는 그를 후원했는데, 러
시아가 의주선의 개통을 막고 다른 중요한 개혁 조치들을 좌절시

코리아의 거물 이용익의 비서.

킬 수 있었던 것도 황제의 신임을 얻고 있는 그의 막강한 영향력 덕분이었다.

한번은 파블로프 씨가 고의는 아니었지만 왕의 빈 한 사람에게 결례를 하는 바람에 파문을 당하자 직접 궁으로 이용익을 찾아가서 제물포까지 가는 교통편을 부탁하고 그곳에서 다시 군함을 타고 아서항(뤼순항)[10]으로 간 일도 있었다. 반면에 코리아의 민중들은 온 나라에 퍼져 있는 혼란과 궁핍을 이용익의 전횡 탓이라고 생각했다. 그런 생각은 귀족들이나 관리들이 퍼뜨린 것이었는데, 태생과 학벌이 모든 것을 결정하는 나라에서 이용익은 무식한 벼락 출세자의 부끄러운 표본이었기 때문이다. 황제에게 그의 처형이나 유배를 요구하는 청원들이 많았는데, 그중에는 각의(閣議)에서 올라온 것들도 있었다. 이용익을 죽이기로 맹세한 조직원 3,000명의 비밀 결사체도 있었다. 그러나 이용익은 '부상회'의 보부상들로 구성된 막강한 단체인 보성협회의 지원을 받고 있었는데, 보부상들은 상업적인 특권을 누리는 대가로 유사시에 정부에 동원되어 근위대로 활동하는 일종의 예비군이었다. 이용익은 중요한 조처를 취하고자 할 때마다 보부상들을 소집했고, 프랑스 회사를 통해 소총 5,000점을 구입해 적절한 시기에 그들에게 나누어 주었다.*

사실 코리아는 두드러지게 단체가 많은 나라인데, 민중들로서

야영하고 있는 유럽인들.

는 단체를 결성하는 것이 귀족들의 전횡에 맞설 수 있는 유일한 수단이기 때문이다. 중국인들은 자신들의 행정체계를 코리아에 정착시켰지만, 그 체계에 내포되어 있는 민주적인 원리들을 부각시키는 데는 실패했다. 과거제도는 있지만 코리아는 철저한 신분제 국가이다. 공직을 맡기 위해서는 먼저 지방의 선발 시험에 합격한 다음, 왕의 주재하에 수도에서 치러지는 선발 시험에 다시 합격해

* 내가 이 글을 쓴 뒤에, 일본의 침략으로 이용익의 출세도 끝이 났다. 얼마 전에 그는 황제의 칙령에 의해 모든 공직을 박탈당하고 전함에 실려 일본으로 보내졌다고 한다. 대일 동맹정책에 대한 보복 조치로 '부상회'의 조직원들은 외무대신의 집에 폭탄을 투척했다.

야 한다. 그렇게 해서 차례차례 학사, 석사, 박사 자격을 얻게 되는데, 박사가 되어야 궁이나 내각의 주요 공직에 오를 수 있다. 법적으로는 평민들도 시험에 응시할 수 있지만, 아무리 자격이 있어도 평민들은 하찮은 직위밖에는 맡을 수 없다. 그래서 과거제도의 특혜를 누리는 토착 귀족들에 맞서기 위해 다양한 계층의 직인들이 강력한 조합을 결성했다. 그런 조합들은 당연히 독점권을 추구했고, 기와공조합이나 석공조합 같은 몇몇 조합들은 나라에 정기적으로 세금을 내는 조건으로 공식적인 독점권을 인정받았다. 또한 종이, 면사, 비단 할 것 없이 각각의 상품마다 거래를 독점하는 상인조합이 있어서 조합이 그 상품의 판매를 관할한다. 조합은 조합 직인이 찍힌 해당 물품을 창고에 잔뜩 쌓아 두고 소매상들에게 인지대를 받고 물품을 넘겨준다. 상인과 장인 계층은 '반인[11](비 귀족)' 계급으로, 모든 권리를 특권 계급인 귀족이나 고위 관리들('양방'[12])로부터 사야 한다. 대신 귀족과 고위 관리들은 조합에 가입하지 않은 평민들을 착취하고, 결국 그들의 전횡이 나라의 경제 발전을 파탄내고 말았다. 좀 더 나은 삶을 위해 노력할 수도 있었을 민중들이 잉여분을 빼앗기기 싫어서 꼭 필요한 양만 생산하는 관행을 갖게 되었기 때문이다. 게다가 소유하고 있는 땅의 소출과 독점권 수수료로 살아가는 양반들은 계속해서 관료주의를 발전시켰는데, 체면 때문에 관직이 아닌 다른 일에는 종사할 수 없었기 때문이다. 그리하여 나라의 모든 활력이 관료주의 속에서 소진되었고, 그 때문에 매일 아침 황제 알현 시간에 맞추어 높다란 모자에 꽃무늬 비단 옷을 입고 궁궐 문을 넘느라 소란을 떠는 살찐 기생충들이 생겨난 것이다. 어쩌면 그 어떤 개혁도 이 나라의 뿌리 깊은 무기력을 치유할 수 없을 것이다. 변하지 않는 전통의 중심에 도피해 있는 늙은 제국의 쇠약한 정신은 그 수도의 모습, 즉 외부 사상이 감히 넘보지 못하게 제방처럼 둘러싼 산자락 안쪽에 웅크리고 있는 이 도시의 모습과 꼭 닮았다.

제 2 장
서울에서 장산까지 : 금강산

전원의 모습 — 여행의 조건 — 불교 사원들: 장안사, 비윤사(표훈사), 마할리안사(마하연), 유점사, 신계
사 — 장산항(원산항) — 석왕사 — 사원의 역사적 역할 — 코리아 사람들의 종교 관행 — 금광

　서울에서 장산으로 가는 길은 수도와 산 사이의 황량한 모래밭
을 지나고 나면, 산자락 옆구리를 따라 좁은 고갯길이 나 있는 구
릉들이 계속 이어지면서 점차 오르막이 된다. 사실 길이라고 할 만
한 것도 없다. 골짜기의 논밭 사이로 구불구불 길이 나 있는데, 어
떤 곳은 너무 비좁아서 다른 일행과 마주치기라도 하면 무척이
나 곤혹스럽다. 이따금 가마 속에 쪼그려 앉은 '기생(또는 궁녀)'과
마주치기도 하고, 짐과 부채를 든 하인과 셔츠 바람에 그라스 소
총을 든 병사를 거느린 채 노새를 타고 오는 '양반'과 마주치기도
한다. 좀 더 가다보면 서울에서 일본산 면 제품을 내륙으로 들여
온 다음에 현지에서 삼베를 싣고 돌아가는 말이나 소들도 볼 수

있다. 덩그렇게 등짐을 진 짐꾼들이나 농부들의 행렬과 마주치기도 한다. 비가 오면 서울 사람들은 기름종이로 만든 우의를 입지만, 농부들은 골풀로 짠 우의를 걸친다. 그 모습이 마치 고슴도치같다. 일반적으로 유럽인 여행객들은 사냥총을 들고 다니면서 꿩이나 야생 오리를 사냥해 통조림이 주를 이루는 자신들의 식단을 보충한다. 그들은 논에서 따오기나 키 큰 두루미들을 표적으로 삼아 사격 연습을 하기도 한다.

그런 여정을 통해 우리는 코리아의 일반적인 생활 환경을 알 수있었다. 코리아 사람들은 거의 대부분 농사를 짓는 사람들이다. 주된 경작물은 쌀인데, 5월에 씨를 뿌려서 6월에 묘판에서 논으로

삼을 꼬고 있는 시골 여성들.

옮겨 심는다. 그때가 되면 논에는 물이 가득하고, 농부는 무릎까지 물이 차오르는 논에 황소를 끌고 들어가서 땅을 간다. 쌀이 나지 않는 산골의 주식은 귀리죽이다. 사회생활이 별로 조직화되어 있지 않아서 농부들은 자급자족을 한다. 필요에 따라 대장장이가 되기도 하고 목공일이나 흙일을 하기도 한다. 자급자족의 관행과 극히 조방(粗放)한 경작 방식 때문에 시골에는 큰 중심지가 별로 없다. 여정에서 만나는 마을들은 대개가 대여섯 가구를 넘지 않는다. 그러나 장이 열리는 때에는 큰 마을을 지나가게 되는 경우도 있는데, 지방마다 부상회의 조합원(보부상들)들을 맞아들이는 다섯 개

짐 나르는 소들.

의 촌락이 지정되어 있다. 보부상들은 길에 천막을 치고 그 밑에 면 옷감이나 삼베, 싸구려 유리 제품, 못, 부채, 담배, 일본제 성냥, 빗, 남성용 머리핀 등을 벌여놓는다. 조금 떨어진 곳에서는 또 다른 상인들이 상한 청어나 해조류를 판다. 귀밑에까지 가득 짐을 실은 조랑말들의 행렬이 끊임없이 오가는 광장에서는 짐을 나르는 데 쓰는 황소들이 거래된다. 훌륭한 코리아산 황소들이다.

여행을 하려면 '마부'들의 우두머리와 흥정을 해야 한다. 그가 유럽인들이 타고 갈 안장 얹은 조랑말들, 통조림이나 짐을 운반할 길마 짐승들, 그리고 심부름꾼 아이를 임대해준다. 마부들은 각자 한 마리씩만 말을 맡는데, 노래를 하기도 하고 서로 언쟁을 벌이기도 하면서, 또는 커다란 파이프 담배를 피우면서 말의 뒤를 따라간다. 그들은 20킬로미터쯤마다 중간 휴식을 위해 어김없이 마을에 들른다. 조랑말들은 갈기가 항상 곤두서 있고 불도그처럼 깨무는 버릇이 있는데, 지구력은 아주 좋지만 하루에 세 번씩 잠두죽에 잘게 썬 짚을 섞은 사료를 먹여야 한다. 그래서 일행은 여인숙에 들른다. '시비(chibi[13], 코리아의 집)'에는 안마당이 있고, 안마당의 삼면에는 가장자리에 처마가 둘러쳐져 있다. 그 처마 밑에 말들을 매어놓는데, 둥근 여물통이 놓여 있는 처마 안쪽으로 말의 머리가 향하도록 한다. 안마당의 나머지 한쪽은 주거시설이 차지하고 있다. 말들을 매어놓은 다음, 일행은 궤짝을 내려서 통조림을 딴다. 그 광경은 유럽인들을 한 번도 본 적이 없는 마을 사람들에게 강한 호기심을 불러일으킬 수밖에 없다. 이내 유럽인들 주위에 여러 줄로 빙 둘러선 구경꾼들이 포크나 병, 그 밖의 서양 물품들을 보고 탄성을 내지른다. 밤에 코리아의 여인숙에 도착하면 아주 특이한 광경이 펼쳐진다. 횃불의 희미한 불빛을 받으며 이미 자리를 잡았던 짐승들과 사람들이 특별한 여행객들에게 자리를 내주는 것이다. 마부들의 고함 소리, 여인숙의 유일한 공동 침실을 빼앗긴 남자들의 불평 소리가 요란하다. 공동 침실은 가로 2미터, 폭 3미터쯤 되는 악취 나는 방인데, 가마와 아주 비슷하다. (천장이 낮아서) 서 있기도 힘들거니와 돗자리와 이불을 편 바닥 밑에 부엌 아궁이가 있어서 거의 펄펄 끓을 정도로 바닥이 뜨겁기 때문이다. 또한 이방인들은 잠을 이루려 해봐야 헛일이다. 온 마을 사람들이 바깥에서 방금 도착한 이방인들에 대해 이러쿵저러쿵 이야기를 늘어놓다가, 급기야는 문을 열고 자세히 살펴보기까지 한다.

마부들을 재촉해 보통 때보다 조금 더 속력을 내어 하루 평균 50킬로미터 정도를 가면, 서울에서 금강산 자락까지 3일이 걸린다. 첫날의 여정은 요창거리(Yo-tchang-kori) 마을 이상을 지나가기 어렵다. 두 번째 날에는 숲이 우거지고 야생 포도나무와 참으

마을에 도착한 일행. 상자 하나를 풀고 있는 드 세탕코르 씨.

아리숙, 디기탈리스와 인동덩굴로 뒤덮인 아름다운 계곡을 지나가
게 된다. 일본만큼이나 잘 관리가 되어 있는 논으로 개울물이 흘
러든다. 개울물을 따라 원시적인 형태의 작은 물방아들이 돌아가
는데, 물받이 판이 달린 바퀴가 돌면서 절구 공이를 들어 올렸다
가, 방아 찧을 알곡이 들어 있는 구멍 속으로 다시 떨어뜨린다. 첫
날 밤은 시간다(Chikanta)라는 작은 촌락에서 보내게 된다. 촌락

은 삼밭에 둘러싸인 채 언덕 사면의 풀밭과 솔숲 한가운데에 층층이 무리 지어 있다.

그 다음날은 장산 가는 여정에 있는 고을 중에서 제일 규모가 큰 김송(Kim Song)을 왼편으로 끼고 지나가게 된다. 지방의 중심지인 그 고을에서 세 개의 전신선이 만난다. 소나무가 점점이 흩어져 있는 푸른 언덕을 배경으로 함석과 기와를 얹은 지붕들과 파고다(pagode)의 붉은색 대문이 선명했다. 이윽고 일행은 좁고 구불구불한 협곡으로 들어섰다. 들리는 것이라곤 뻐꾸기 울음소리나 한 덩어리로 울려 퍼지는 개구리 떼의 울음소리뿐이었다. 울퉁불퉁한 바위틈에는 숲속의 성소(聖所)들이 방치되어 있거나 짚으로 덮어 벌통으로 쓰는 속 빈 나무둥치들이 놓여 있었다. 일행은 백여 호쯤 되는 마을인 창도(Chang-do)에서 여정을 멈췄다. 창도는 장산 가는 길과 금강산으로 가는 길이 갈라지는 길목에 위치해 있다.

다음날에는 험한 오솔길을 따라 송어들이 우글거리는 개천 하나를 거슬러 올라가야 한다. 물길 가장자리에는 논과 보리밭, 삼밭이 늘어서 있었다. 낫이나 쟁기들을 찍어내는 주형들 뒤로 흙으로 지은 토착 주물 공장들이 보이는데, 남자들이 밀짚을 댄 판자들을 위아래로 흔들어 환기를 했다. 폐허를 연상시키는 풍화된 거친 바위조각들 사이에서 철광석과 금이 함유된 석영이 여기저기 모습을 드러냈다. 개천은 야생의 깊은 협곡으로부터 요란스럽게 빠져나오는데, 협곡에는 가파른 두 개의 절벽 사이로 물결에 휩쓸려 온 거대한 바위들이 보였다. 절벽의 뾰족한 편암들을 따라 앙상한 나무들이 매달려 있었다. 좀 더 가자 오솔길은 우당탕 흘러내리는 개천 가장자리의 자갈밭으로 이어졌다. 부서진 바위들 사이로 짙은 초록빛 궁륭에 둘러싸인 오솔길은 동굴처럼 어두침침했다. 마침내 일행은 당파령(Tang-pa-ryong) 고개에 당도했다. 거기서부터는 사방으로 펼쳐지는 거대한 숲이 시야에 들어온다. 온통 초록색인 천지에서 저 멀리 서쪽으로 저지대의 곡식들이 노란 점처럼 보였다. 동쪽 지평선에는 금강산의 신비한 봉우리들이 푸른 윤곽을 드러낸다. 금강산은 극동의 가장 유명한 불교 사원들이 모여 있는 금단의 은둔지다. 일행은 범의귀, 장미나무, 야생 고사리, 목련이 무리를 이룬 작은 숲들을 가로질러 길을 내려갔다. 목련의 흰 화관과 붉은 꽃부리가 초록을 배경으로 선명하게 눈에 들어왔다. 날이 저물어, 갈간리(Kal-kan-i)의 첫 번째 오두막에서 여정을 멈춰야 했다.

다음날 아침에 일행은 장안사로 이어지는, 전나무들로 뒤덮인 아름다운 협곡으로 접어들었다. 스님들이 닦아놓은 예쁜 길을 따라 까까머리 승려의 감독하에 짐꾼들이 껍질을 벗겨놓은 나무 둥치들을 황소들이 끌고 갔다. 그림으로 장식된 목제 주랑 현관 앞을 지나 개울을 건너면 사원의 안뜰에 들어서게 된다. 숲의 적막함에서 벗어나 사원의 안뜰에 들어서면 분주하고 소란스러운 벌통 속으로 들어온 것 같은 느낌을 받았다. 짐을 부려놓은 마부들은 말들을 끌고 자기들이 머물 골짜기의 여관으로 갔다. 식사 시간이 되었다. 사원의 건물들을 수리·증축하고 있는 중이어서 구내식당에는 마흔 명 가량의 목수들이 작은 식탁 앞에 두 사람씩 웅크리고 앉아 있었다. 목수들 사이에서 보조 수사들이 밥과 물과 야채수프

장안사에서 법당을 짓고 있는 모습.

를 나눠줬다. 안뜰에서는 커다란 망치를 든 세 명의 보조 수사들이 통에 넣고 찐 쌀을 으깼다. 그런 다음 으깬 쌀밥을 사원 안으로 가져가서 널빤지 위에 놓고 반죽을 한다. 이윽고 반죽을 작은 네모 조각으로 잘라서 글자를 새겨 넣은 다음, 말리기 전에 기름을 입힌다. 우리를 부른 승려가 밤가루 과자, 누가(nougat), 꿀물에 절인 과일을 내놓았다. 그러고 나서 우리는 목제 금고 옆에 앉아서 계산을 하고 있는 사원 관리인을 찾아갔다. 그리고 사원을 둘러보았다.

그 이름이 '영원한 평화의 사원'을 뜻하는 장안사의 건물들은 아름다운 산들로 둘러싸인 골짜기의 안쪽에 층층이 자리해 있다. 산허리의 단풍나무들과 밤나무들이 빚어내는 붉은 색조를 배경으로 개천의 새하얀 물줄기가 눈부셨다. 확실한 것은 이 사원이 신라의 법흥왕 시절인 서기 515년 전부터 존재해왔다는 사실이다. 그해에 두 사람의 승려가 그 사원을 복원했다고 알려져 있기 때문이다. 사원의 배치는 다른 사원들과 거의 동일한 양식을 따르고 있다. 우선 붉은색 칠을 한 대문을 지나가게 되는데, 붉은색은 왕의 후원을 나타내는 표지이다. 대문의 기둥에는 봉헌물들이 걸려 있고, 대문 옆에는 거대한 종이 놓여 있다. 중앙 안뜰에 들어서면 장방형의 목제 건물들이 보이는데, 주 사원(대웅전)을 중심으로 여러 개의 좀 더 작은 법당들이 늘어서 있다. 그중에는 열 명의 판관을 모시는 법당도 있고, 고승이나 황제의 조상을 기리는 법당도 있다. 모든 지붕은 아주 뾰족하고 모서리가 둥글게 휘어진 모양인데, 기와를 얹고 투조세공을 한 세 개의 채광창으로 마무리되어 있다. 내부는 넓은 방인데, 서울에 있는 궁궐의 천장처럼 울긋불긋한 격자로 화려하게 채색을 하고 조각을 한 천장이 붉은색의 커다란 목제 기둥에 의해 떠받쳐져 있다. 벽은 낡은 비단 천으로 도배되어 있거나 성인들과 영웅들의 모습을 그린 벽화로 덮여 있다. 주 제단 위에는 녹색의 얇은 천이 드리워져 있어서 서 있거나 앉아 있는 부처상들이 희미하게 드러나 보였다. 제단 앞에는 팔걸이 없는 의자 위에 작은 종과 기도서 한 권이 놓여 있었다. 정해진 시간이 되면 회색 옷을 입고 X자 모양의 붉은색 현장(懸章)을 두른 의식 집행자가 돗자리에 무릎을 꿇고 앉아서 자기도 이해하지 못하기 십상인 성스러운 언어로 기도문을 낭독하며 부복한 자세로 작은 종을 흔들었다.

이윽고 우리는 승려들의 안내를 받아 주위의 뛰어난 경관들을 둘러보았다. 코리아 사람들은 경치 좋은 곳에 사는 것을 큰 즐거움으로 여기고, 그 좋은 경치를 외국인들의 눈에 돋보이게 하는 법도 잘 알고 있다. 저녁이 되자 먼저 온 일꾼들로 북적거리는 커다란 숙소의 구석자리에 우리의 자리를 폈다. 머리 위에 매달

유점사의 주 제단 앞에서 성무를 보는 장면.

린 작은 등 하나가 부처상의 신비스런 미소를 비추었다. 한밤중이
되자 사원의 모든 징들이 한꺼번에 울리고 절 입구에 있는 범종
의 장중한 울림이 산속으로 퍼져 나가면서 승려들에게 성무 시간
을 알렸다. 같은 방을 쓰는 사람들이 소란스럽게 몸을 뒤치기 시
작하고, 잠시 조용해졌나 싶으면 이내 다시 새벽 종소리가 울려 퍼
졌다. 우리로서는 '영원한 평화의 사원'에서 기대했던 휴식을 맛볼
틈은 전혀 없었다.

관원 선녀굴 앞의 개천을 건너는 모습.

성산(聖山)〔금강산〕을 넘기 위해서는 등산 복장을 갖추어야 한
다. 우리 짐을 맡은 마부와 말들은 진고개로 우회해 일본해〔동해〕
가 내려다보이는 사원인 신계사에서 우리를 기다리기로 되어 있었
다. 장안사의 주지승이 안내인 한 명과 여정에 꼭 필요한 물품들
을 나를 짐꾼들을 제공해주었다. 길이 나 있지 않아서 순례자들은
바위 사이를 건너뛰거나, 가파른 비탈을 조심조심 기어오르기도

하며 개천가의 자갈밭을 따라 올라가야 한다. 일행은 암벽 궁륭들 사이로 등정을 계속했다. 암벽에는 승려들이 새겨놓은 한자 글귀들이 보였는데, 유명한 순례자의 행적이나 특정 장소와 관련된 전설들을 적어 놓았다. 그런 식으로 우리는 부처님들의 장기판, 관원 여신 동굴(선녀굴), 용의 동굴 등을 보았다. 산 전체에 15세기 이래로 사원의 전승과 순례자들의 상상력이 빚어낸 갖가지 마력과 주술이 넘쳐난다고 할 수 있다. 마침내 그 원시의 장엄한 경관이 주는 압박감에서 벗어나 아름다운 골짜기에 들어서면, 끝없이 펼쳐진 숲이 시야에 가득 들어온다. 수도사 한 사람이 독수리 둥지처럼 지어진 그곳 절벽 위의 작은 암자에서 은거했는데, 산새들이 그의 옆에 거리낌 없이 내려앉곤 했다고 한다. 헛되고 번잡한 인간사를 잊기 위해 자연의 품으로 돌아간 수도사가 그곳까지 자기를 따라온 낯선 이방인들의 얼굴을 성가신 눈길로 바라보고 있는 것만 같았다.

밤에는 호랑이가 성산에 군림하기 때문에 해가 저무는 즉시 여정을 멈추어야 한다. 안내인의 재촉을 받으며 우리는 마할리안사(Mahaly-an-sa)[14]에 도착했다. 그곳에서 승려들이 일상적으로 먹는, 쌀과 야채를 넣어 끓인 수프를 대접받았다. 저장식품이 떨어져서 그 간소한 식사만으로 끼니를 때운 우리는 작은 방에 몸을 눕

혔다. 그러나 이내 독송 소리가 울려 퍼졌다. 이상하게도 그 소리를 들으면 달빛 가득한 앙코르 사원의 거대한 층계 꼭대기에 웅크린 승려들의 독경 소리가 떠오른다. 습한 열대림에서부터 코리아의 눈 덮인 산봉우리까지 극동 아시아의 전역에 부처의 거대한 탄식 소리가 매일 저녁 메아리가 되어 울려 퍼지는 듯하다. 우리가 들어간 법당에서는 흰 옷차림을 한 승려들의 모습이 먼저 눈에 들어오고, 이윽고 희미하게 흔들리는 불빛 속으로 저 안쪽에 위치한 부처님의 반쯤 감은 눈과 평화로운 미소가 보였다. 그 미소는 세상에 대한 고요한 명상 속에서 어떠한 환상이나 욕망에 의해서도 어지럽혀지지 않는 현자의 달관의 경지를 설파하고 있었다.

이튿날 날이 밝자마자 우리는 이따금 장려하게 쏟아지는 폭포들을 만나게 되는 거대한 암벽들 사이로 다시 길을 떠났다. 암문재를 지나 라일락 꽃이 드문드문 피어 있는 아름다운 떡갈나무 숲을 가로지르자 유점사 승려들의 무덤이 나왔다. 좀 더 가자 주랑이 갖추어진 오솔길을 따라 초원과 전나무 숲의 경계에 위치한 유점사에 당도했다. 으레 그렇듯이 사원의 내부는 채색 목재와 아름다운 비단이 다채롭게 어우러진 모습이었다. 우리가 들어갔을 때, 네 명의 승려가 주 제단 앞에서 성무를 거행하고 있었다. 주 제단 위에는 우주를 상징하는 나무 한 그루가 있었는데, 가지 끝마다 작은 부처상이 놓여 있었다. 사원을 떠난 일행은 언제나 변함없이 성산을 감싸고 있는 구름 밑으로 마침내 내려왔고, 저 멀리 일본해의 푸른 수평선이 눈에 들어왔다. 마음을 짓누르는 적막함에서 벗어나 금강산의 뾰족뾰족한 화강암 봉우리들이 굽어보고 있는 논밭의 아기자기한 정경을 보게 되자 우리는 다시 소생한 것 같은 느낌이 들었다. 이윽고 폭포수가 떨어지는 절벽들로 둘러싸인 계곡 안쪽으로 푸른색 전나무들과 대조를 이룬 신계사의 회색빛 지붕이 눈에 들어왔다. 우리는 말과 짐과 저장식품을 되찾았다.

　뒤이어 길은 온통 갈매기들로 뒤덮인 바다를 따라 논과 보리밭 사이로 이어졌다. 바다 색깔이 하늘빛과 너무 비슷해서 하늘과 바다의 경계를 구분할 수 없었다. 그곳에서 볼 수 있는 유일한 기선(汽船)은 블라디보스토크를 오가는 배뿐이다. 시즌이 되면 포경선 몇 척이 연안으로 조업을 하러 온다.

　일행은 통천에 당도했는데, 그곳은 장이 서는 큰 고을이었다. 아름다운 전나무 숲으로 뒤덮인 모래사장에 큰 가마솥들을 걸어 놓고 사람들이 코리아 정부의 전매품인 흰 소금을 만들었다. 그 어촌 마을들 중의 한 곳에서 하룻밤을 묵어야 했다. 해변에서는 썩어가는 생선들의 지독한 냄새 때문에 멀리서도 마을이 있다는 것을 알 수 있었다.

그 이튿날 마침내 마지막 고개를 넘자 바다 가장자리를 따라 마을들이 늘어서 있는 두 개의 만(灣)이 눈에 들어왔다. 만의 지평 선을 이루고 있는 것은 푸르른 산과 섬들이었다. 그 두 개의 만이 바로 장산만과 라자레프(Lazaref) 항구인데[15], 세상에서 가장 아름 다운 군항들 중의 하나이다. 아서항으로 연결되는 지선(支線)의 건 설이 결정되기 전까지는 시베리아 횡단 철도의 종착지를 그곳으로 하려 했던 것 같다. 그곳 사람들은 서울 사람들에 비해 좀 더 활기 차고 덜 궁핍해 보이는데, 아마도 궁정과 양반들로부터 멀리 떨어 져 있다는 사실에서 그 까닭을 찾을 수 있을 것이다. 궁정과 양반 들의 탐욕이 궁핍에서 벗어나려는 백성들의 의지를 모조리 꺾어놓

장산의 하역 인부들.

기 때문이다. 울긋불긋하게 마구(馬具)를 단 예쁜 노새들도 볼 수 있고, 우아한 자세로 항아리를 머리에 이고 가는 여인들도 볼 수 있다. 가장 생동감이 있는 장소 중의 하나가 생선 시장이다. 숭어, 고등어, 식용 뱀장어 따위를 파는 진열대 주위로 사람들이 떠들썩하게 몰려들었다. 끝없이 이어지는 그 코리아의 도시를 가로지르자 일본 여관이 나왔다. 무례하고 거친 사람들의 무신경에 시달리며 헛간에서 보낸 밤들을 생각하면, 그곳의 방과 잠자리는 비교가 불가능할 정도로 훌륭했다.

부산과 블라디보스토크의 중간에 위치한 이 아름다운 항구 주위에 대여섯 개의 도시가 있는데, 그중 제일 큰 도시인 장산에 1만 5,000명 정도의 주민이 살고 있다. 기후는 제물포보다 온화한데, 바람의 영향 때문에 여름에도 밤이 되면 춥다. 산자락은 바다에 닿아 있고, 한 해의 절반은 산의 정상이 눈으로 덮여 있다. 1883년에 일본인들에 의해 해외 무역상들에게 도시가 개방된 이후로 현지 주민의 수는 곱절로 늘어났다. 해외 무역은 이제 전적으로 일본인들이 장악하고 있다. 현지 일본인들의 숫자는 1,600명을 상회하고, 러시아와의 협정에 따라 소규모 주둔군도 유지하고 있다. 언덕 위에는 극소수의 유럽인 거주자들의 주택이 있었는데, 한 번도 자기 나라 여행자와 이야기를 나누어본 적이 없다는 프랑스인 선교사의 집도 그중 하나였다.

우리 일행을 장산에서부터 서울로 인도해줄 지름길은 마을들로 뒤덮인 넓은 골짜기를 따라 시작되었다. 지름길에서 약간 벗어나 개울을 따라 소나무 숲을 지나자 석왕사 승려들의 무덤 앞에 이르렀다. 석왕사는 100여 명의 승려가 있는 사원이다. 코리아의 주요 사찰로서는 유일하게 여승을 받는 곳인데, 그것도 성인 여자들을 받는다. 산의 가파른 비탈과 협곡 사이에 위치해 있어서 대문과 박공과 지붕의 기이한 형태와 선명한 색채들이 뛰어난 주변 경관과 대조를 이뤘다. 승려가 우리를 반갑게 맞이했다. 대웅전의 내부로 들어가자 벽은 아주 오래된 비단 직물로 도배되어 있고, 천장은 화려한 금박과 조각으로 장식되어 있었다. 천장을 떠받치고 있는 들보의 끄트머리에는 털이 곤두서고 이빨을 드러낸 용의 머리들이 보였다. 우리는 14세기에 현 왕조를 세운 이태조의 화려한 의복과 다른 기념품들도 둘러보았다.

사실 불교 사원들은 코리아의 역사에서 아주 중요한 역할을 했다. 코리아를 문명화시킨 것도 사원들이고, 비할 바 없는 번영의 시대를 가져다준 것도 사원들이다. 서기 4세기경에 인도와 티베트 출신의 이주자들이 불교를 전해주었을 때, 반도의 주민들은 야만 상태에 머물러 있었다. 그때 이후로 승려들이 만든 절과 사원은

길 떠난 승려들의 복장.

한 세기가 넘도록 예술과 학문의 중심지가 되었다. 6세기부터는 코리아의 승려들이 그 범신론적 종교를 섬나라 일본에 전해주었다. 그리고 자연에 매혹되어 자연의 가장 덧없는 양상들에 주의를 기울이는 일본 예술은 불교에서 항상 영감을 받아왔다. 또한 연꽃 형태의 도자기 제작 전통이 이어져온 곳도 코리아의 사원들이다. 미묘한 광택을 지닌 그 도자기 조각들은 옛 군주들의 무덤에서 발견되어 오늘날 보는 이들의 찬탄을 불러일으키고 있다. 중세 페르시아의 예술가들은 자기 나라에 들어온 코리아의 도자기에 대해 경탄을 금하지 못했고, 16세기의 전쟁 기간에 사츠마〔쓰시마〕의 주민들이 도예 기술을 배우게 된 것도 코리아인 포로들을 통해서였다. 또한 8세기부터 코리아의 문헌에서 사용된 알파벳도 산스크리트어에서 파생된 것이 분명한데, 사원에는 산스크리트어로 된 경전들이 보관되어 있었다. 그 당시의 연구 사조는 아주 강력한 것이었고, 숱한 저작물들의 발간으로 나타났다. 이윽고 코리아 사람들은 중국인들처럼 목판에 인쇄하는 것에 만족하지 않고 비고정 활자를 사용하기에 이르렀다. 1403년에 태종이 30만 개의 동(銅) 활자를 찍어내라는 칙령을 내리자, 필요한 구리를 얻기 위해 사원의 종들까지 녹여야 했다. 그러나 14세기에 유교가 부활하면서 중국의 유물론적이고 산문적인 정신이 다시 고개를 들기 시작했다. 수도사들의 규율과 연구가 쇠퇴하면서 그러한 반동의 움직임이 조장된 측면도 있다.

그 당시에 코리아의 동쪽 해안에 살던 젊은 농부 한 사람이 이상한 꿈을 꾸고 성산(聖山)의 동굴에 은거해 살던 수도사에게 해몽을 부탁하러 왔다. 그 수도사는 농부에게 바로 그 장소에 사원을 지으면 장차 왕이 될 것이라고 말해주었다. 그리고 그 절의 이름을 석왕사, 즉 '왕이 되는 꿈'으로 짓자고 했다. 결국 절을 다 지은 농부는 나중에 장군이 되었다가 이태조라는 이름의 왕이 되었고, 수도사를 불러 그의 충고에 따라 헐벗은 산의 둥그런 골짜기에 수도를 건설했다. 지금의 서울이 바로 그곳이다. 이태조는 사원들

석왕사에서 나오는 사람들.

을 요새로 바꾸고 승려들을 병사로 만드는 등 규율을 다시 일으켜 세우기 위해 갖은 노력을 기울였다. 그러나 한번 시작된 코리아 불교의 쇠퇴를 막을 수는 없었다.

실제로 현재 코리아 사람들의 삶에서 불교는 더 이상 아무런 역할도 하지 못한다. 그들의 삶은 전적으로 유교, 그리고 유교에 뒷받침된 견고한 혈연적 삶에 근거해 있다. 가장 중요한 것은 가문이 대대손손 이어지는 것이다. 그래야만 후손들이 조상들에게 관례에 따라 제사를 올리고, 서판(신위(神位))들을 간직하고, 이런저런 장

젊은 양반의 혼례 행렬. 목제 오리를 든 사람 뒤에 말을 탄 신랑과 신부가 보이고,
신부 뒤에 신부의 오빠가 따라온다.

레 의식을 준수하고, 희생물을 바칠 수 있기 때문이다. 그래서 자식이 없는 사람들은 모두가 양자를 들이는데, 양자는 전례(典例) 법원에 등록이 되었을 때 법적으로 효력을 갖게 된다. 위생 결핍에서 비롯된 유아 사망률이 지금처럼 높지 않다면, 인구 증가 속도도 아주 빠를 것이다.

결혼은 아주 이른 나이에 한다. 부유한 집안에서는 대개 아들이 열두 살이 되면 아버지가 자식의 의향을 물어보지도 않고 적당한 혼처의 아버지를 만나 자식들의 혼사를 의논한다. 결혼 날짜는 점성술에 따라 정해지는데, 결혼식 전날 두 약혼자는 가까운 친구들의 도움을 받아 그때까지 땋아서 등 뒤에 늘어뜨리고 다녔던 머리를 쪽을 쪄 틀어 올린다. 그 다음날, 신혼부부는 사람들에게 이끌려 처녀의 집에 마련된 단(壇) 위로 엄숙하게 나아가고, 증인들이 보는 앞에서 한 마디 말도 없이 결혼에 대한 동의의 표시로 인사를 주고받는다. 이윽고 처녀는 눈과 입과 귀를 가린 채 남편의 뒤에서 행렬을 따라간다. 행렬의 맨 앞에 선 사람은 부부 간의 금실을 상징하는 목제 오리 한 쌍을 들고 간다. 신랑의 집에 다다르면 신랑이 처녀를 이끌어 문지방을 넘게 하고, 가렸던 눈과 입과 귀를 풀어준다. 그러나 신부는 여러 달 동안 남편이나 시부모에게 거의 말을 하지 않는 것이 예의이다. 남자들에게 결혼이 사회적인 독립과 법적인 책임을 가져다주는 것과는 달리, 여자는 익명의 존재로 남아 자신의 이름조차 갖지 못한다. 여자는 그저 '아무개의 아내'로 지칭되고, 정치적인 범죄를 제외한 모든 책임이 언제나 후견인인 남편에게 있다.

코리아 사람들의 가장 큰 잔치는 예순한 번째 생일, 즉 중국식 나이로 예순 살에 치러지는 잔치이다. 소위 '환갑잔치'인데, 잔치의 주인공을 위해 온 마을 사람들이 음식을 준비하고 춤추고 노래하는 자리를 마련한다. 군주의 환갑잔치는 왕국 전체의 축제가 된다. 대(大)사면이 이루어지고, 지방의 통치자들은 왕에게 엄청난 선물을 보내야 한다. 모든 고을의 관리는 주도(州都)에 가서 왕을 상징하는 서판 앞에 엎드려 절을 한다.

장례 의식은 코리아 사람들의 주요한 종교적 관행들을 압축적으로 보여준다. 근친 중의 한 사람이 죽으면 시체를 아주 두툼한 관에 넣어 여러 달 동안 보관해야 한다. 별채에 보관하기도 하고, 가난한 사람의 경우에는 집 옆에 거적으로 만든 임시 장소에 보관하기도 한다. 적어도 하루에 네 번씩 관 앞에 작은 음식상을 차려놓고 오랫동안 곡을 해야 한다. 상을 치르는 내내 남자들은 커다란 밀짚모자를 쓰고 다녀야 하고, 얼굴은 가리개로 가려야 하며, 아무에게도 말을 하지 말아야 한다. 예전에 가톨릭 선교사들도 바로 그런 식으로 변장을 하고 코리아를 여행했다.

사망 직후에 밤나무 같은 것으로 서판을 만드는데, 고인의 영혼이 그 서판에 와서 머문다고 한다. 백연으로 흰 칠을 한 작은 판자에 한자로 고인의 이름을 써넣는다. 부유한 사람들은 서판을 별도의 방에 보관하고, 가난한 사람들은 집 한쪽 구석의 벽감(壁龕)에 보관한다. 초상을 치르는 첫 스물일곱 달 동안에는 서판 앞에서 매일 같이 제를 올리고, 그 이후에는 드문드문 제를 올린다. 그러다가 4대째에 이르면 제사 지내기를 완전히 끝내고 서판을 땅에 묻는다.

매장지는 지관(地官)의 도움을 받아 결정하는데, 여러 가지 조건이 필요하다. 왕비의 무덤자리로 지정된 장소의 땅을 파다가 바위가 나오는 바람에 궁정의 지관들이 사형을 당한 적도 있다. 일단 사체 하나가 묻히면 일정한 거리 안에는 다른 사체의 매장이 금지된다. 그곳의 운이 새 무덤으로 옮겨가지 않을까 두려워해서다. 군주의 무덤일 경우에는 그곳에서부터 시야에 들어오는 모든 산들이 군주의 전용 구역이 된다.

코리아 사람들은 도교의 영향으로 몇몇 천문학과 풍수지리의 원리들을 받아들였다. 또한 그들의 종교적 성향에는 샤머니즘이 뚜렷하게 남아 있다. 예컨대 마을의 입구마다 아래쪽에는 한자 글

마을 입구의 물신.

귀를 적고 위쪽에는 사람의 얼굴을 거칠게 조각한 말뚝들이 서 있
는데, 붉게 칠한 사람의 얼굴은 폴리치넬라 인형처럼 험상궂은 표
정이고 이빨과 눈은 흰색이다. 예전의 어느 범죄자의 이름을 따
서 '장승'이라고 부르는데, 그 범죄자의 처벌을 영원히 기억하자
는 뜻에서 온 나라의 경계 표지에 그의 초상을 복제해놓은 모양이
다. 실제로 그 말뚝들의 원래 기능은 거리(距離)를 나타내는 것이
었다. 그러나 코리아 사람들의 물신(物神) 숭배적인 경향이 그것들
을 마을을 악령으로부터 지켜주는 수호신으로 바꾸어놓았다. 나
뭇가지에 누더기를 걸쳐 놓거나 나무 밑에 작은 돌 더미를 쌓는
것도 같은 이유에서인데, 나무는 정령들의 일상적인 거처로 간주

된다. 북쪽의 백산(백두산) 같은 명소도 미신 숭배의 대상이다. 해마다 공식 사절이 서울에서 가장 가까운 지방의 주도(州都)인 함흥을 출발해 백산의 빙하가 보이는 알루강(압록강) 근처의 운종(Unchong)에서 무릎을 꿇고 봉헌물을 바친 다음 돌아온다.

일본에서 유교는 명예와 자살을 숭배하는, 호전적이고 금욕적인 귀족 계급의 형성에 기여했다. 그러나 코리아에서는 모든 것을 몇 가지 도덕규범으로 환원시키고 사회의 여러 계층을 엄격하게 위계화함으로써 관찰과 진보의 정신을 파괴하는 결과만을 낳았다. 또한 도교의 자연주의도 미신적인 관행만을 들여왔다. 그렇게 해서 중국의 이론들은 불교적 이상주의의 영향 아래 활짝 피어났던 코리아 문명의 발전을 중단시키기에 이르렀다. 금강산의 사원들에는 그 아름다운 문명의 흔적들이 숱하게 남아 있다.

석왕사에서 밤을 보낸 다음, 일행은 숲을 나와 들판을 가로질렀다. 들판은 알곡과 강낭콩, 2미터 높이의 수수들로 덮여 있었다. 이윽고 일본해와 중국해 사이의 분수령을 지나 숲 그늘 밑으로 시냇물이 졸졸 흐르는 아름다운 계곡에 당도했다. 그곳에서는 롱고리(Longori)가 아주 가까운데, 롱고리에서 우리는 서울에서 올 때 왔던 길로 다시 들어서게 되었다.

우리가 지나쳐온 화강암질의 산이 석양빛을 받아 아름다운 연한 색조를 띠게 되면, 중국 문헌에도 자주 등장하는 '다이아몬드산(금강산)'이라는 이름이 왜 생겨났는지 알 수 있게 된다. 그러나 사실 그 이름은 다이아몬드가 성스러운 이미지들 중의 하나인 인도의 상징체계에서 빌려온 것이다. 유혹자 마라의 유혹을 물리칠 때, 부처가 바로 바즈라사나 자세(금강좌)로 앉아 있었던 것이다. '다이아몬드 세공사'[16]라는 제목으로 알려져 있는 밀교(密敎)의 문집은 바깥 세계의 실재를 부정한 뒤에 신자들을 금강(金剛)의 세계로 안내한다. 다시 말해서 참된 세계, 부처의 지고한 현현인 이상의 세계에 입문시키는 것이다. 그리고 고독한 은자들이 부처의 전승을 이어가고 있는 성산도 그 이상의 세계에 속해 있다.

그러나 이미 황금 열풍이 이 마지막 은거처를 놓고 은자들과 각축을 벌이고 있었다. 훌륭한 목축장이 될 수도 있을 것 같은 넓은 초원에는 금을 찾는 사람들이 파놓은 구덩이들이 여기저기 보였다. 코리아 사람들이 줄지어 사금을 세척하고 있는 개천을 따라 내려가니, 통고개의 독일인 금광이 나왔다. 프러시아 헨리 왕자의 지원을 받아 세워진 금광이다. 자재 운반용 도로 건설에 소요되는 막대한 비용 때문에 광맥 개발이 수지가 맞지 않자 회사는 현지인들처럼 사금 세척으로 만족해야 했다. 그러나 이미 거대한 굴착기들이 언덕 옆구리를 파헤쳐 놓았고, 언덕 밑에는 두 개의 자재 창

독일인의 금광에서 사금을 세척하는 모습.

고와 대형 작업장 하나, 수리 공장 하나가 서 있었다. 어둠이 내리자, 버려진 그 거대한 기계들은 성산이 허리에 감추고 있는 막대한 보물들을 언젠가는 반드시 탈취하고야 말겠다며 멀리서 성산을 위협하고 있는 것처럼 보였다. 이 지역의 완전한 개발은 코리아 정부의 정책 때문에 늦춰지고 있는데, 각각의 열강들에게 사업권을 하나씩만 줌으로써 경쟁국들의 탐욕 사이에 균형을 잡으려는 것이 코리아 정부의 정책이기 때문이다. 그러나 어쩌면 멀지 않은 장래, 대포가 코리아의 새 주인을 정해주는 날이면, '투기꾼'들과 '사업가'들이 이 기막힌 먹잇감을 향해 몰려들 것이다. 그리고 서구 문명의 침략에 의해, 그 역사가 시작된 이래로 우거진 골짜기와 천년 사찰의 평화 속에 '고요한 아침의 나라'라는 매력적인 이름에 값하는 모습을 간직해온 옛 코리아는 마침내 사라지고 말 것이다.

제 3 장
코리아의 외국인들

오늘날 이곳에 살고 있는 사람들에게는 불행한 일이 되고 말았지만, 코리아는 자연의 혜택을 가장 많이 받은 나라들 중 하나이다. 백산의 빙하에서부터 남쪽의 따뜻한 바다에 이르기까지 세 개의 지역, 즉 보리와 밀 재배 지역, 쌀과 완두콩 재배 지역, 면화·뽕나무·녹나무 재배 지역이 차례차례 분포되어 있다. 아직 탐사가 별로 이루어지지 않았지만 지하에서는 이미 금, 석탄, 철, 구리가 발견되었다. 그리고 반도의 전략적 중요성을 굳이 언급하지 않더라도, 대륙의 제국과 섬나라 제국 사이에서 코리아가 피비린내 나는 각축의 대상이 되었으리라는 점은 쉽게 짐작할 수 있다.

인구 밀도가 낮고 자신들의 부를 활용할 줄도 모르는 주민들이 살고 있는 이 나라의 해안을 따라 일본 열도가 펼쳐져 있는데, 일본으로서는 먹여 살릴 수 없는 초과 인구를 이주시킬 새로운 땅을 획득하는 것이 아주 절박한 당면 과제이다. 4,001만 헥타르에 이르는 섬 전체 면적에서 4분의 3이 산과 숲과 이탄지로 이루어져 있기 때문이다. 경작이 가능한 면적은 1,000만 헥타르 정도인데, 그곳에 4,400만 명의 인구가 밀집해 있다. 유럽식 생산 방식과 위생 규칙의 적용은 아시아 국가들의 급속한 인구 증가를 낳고 있다. 일본의 경우 해마다 출생자가 사망자보다 50만 명 정도 많아지고 있다. 그래서 이주가 불가피한데, 어디로 이주한단 말인가? 20년 전부터 도쿄 정부와 여러 식민 회사들을 중심으로 예소(Yéso)섬의 식민화가 활발하게 진행되고 있다. 덕분에 원주민 아이누 족의 수는 1만 8,000명으로 줄었지만 일본인 이주자의 수는 70만 명을 넘지 못했다. 면적은 8만 제곱킬로미터에 달하지만, 북쪽 섬의 겨울 기후가 유약한 말레이 족의 후예들에게는 너무 혹독했다. 그러면 포르모사(타이완)로 이주할 것인가? 불가능하다. 왜냐하면 3만 5,000제곱킬로미터 면적의 포르모사섬에는 이미 300만 명에 가까운 중국인들이 살고 있어서 일본인들은 1만 7,000명밖에는 들어갈 수 없었다. 게다가 중국의 일부인 그 섬에서도 다른 모든 지역과 마찬가지로, 일본인들만큼이나 검소하고 근면한 현지 노동력과 경쟁을 해야 한다. 마지막으로 잘 알다시피 태평양의 앵글로-색슨 족들은 갖은 금지 수단을 동원해 아시아계 이주자들이 자신들의 해안에 접근하는 것을 막았다. 결국 일본의 과잉 인구를 해결해줄 수 있는 유일한 땅은 코리아 반도밖에 없다는 결론에 이른다.

최근에 대두된 그러한 경제적 필요성이 코리아의 지배권을 놓고 중국과 일본이 벌여온 해묵은 분쟁에 다시 불을 붙이고 있다.

일본은 3세기에 있었던 진고(Jingo) 황제의 파병 이후로 코리아의 왕들에게서 조공 사절을 받아왔다는 사실을 내세운다. 그러나 코리아의 현 왕조를 세운 왕위 찬탈자 이태조는 오로지 명나라 황제들의 보호 덕분에 왕위를 유지할 수 있었고, 그날(1392년) 이후로 점점 더 중국으로 기울기 시작한 코리아 왕조는 해마다 일본에 조공 보내기를 게을리해왔다. 그러자 '일본의 나폴레옹'으로 불리는 독재자 히데요시가 반도 정복을 시도했다. 히데요시는 14세기의 일본과 르네상스 시대의 이탈리아를 풍미했던 뛰어난 정치 모험가들 중 한 사람이다. 1592년에 히데요시는 고니시 유키나가 장군이 이끄는 20만의 군대를 코리아에 보냈다. 군대는 대부분 가톨릭 교도들로 이루어져 있었기 때문에 선교사들은 일본이 그 전쟁에 신흥 종교의 신자들을 희생시키려 한다고 생각했다. 일본 군대는 1592년에서 1598년 사이에 부산에서 장산에 이르기까지 끔찍한 약탈과 학살을 자행했고, 그 때문에 코리아 사람들에게는 일본에 대한 증오의 기억이 아직까지도 생생하게 남아 있다. 일본 군대는 중국 군대와도 싸웠는데, 3만 8,700구에 달하는 중국군의 시체에서 코와 귀를 잘라내 소금에 절인 상태로 교토로 보냈다. 지금도 교토에 가면 그 전리품들로 쌓아올린 '귀의 산(미미즈카)'을 볼 수 있다. 그러다가 히데요시가 죽자 그의 후계자는 코리아에서 철수할 수밖에 없었다. 그러나 부산 부두는 돌려주지 않아서 1876년까지도 쓰시마섬의 제후가 관리했다. 1637년부터 코리아의 군주들은 그 무렵에 중국에 세워진 만주족 왕조와 아주 밀착해 있었다. 그들은 해마다 조공 사절을 만주족 왕조에 보냈고, 즉위 시에는 왕위와 칭호를 만주족 왕조로부터 부여받았다. 칙령에도 황제의 연호를 썼고, 중국의 사신이 서울에 올 때면 왕이 직접 베이징로(路)의 개선문 밑에 나가 영접했다.

1882년에 치리〔직례(直隷)〕의 총독이었던 이홍장은 일본의 세력이 확대되고, 코리아에 대한 일본의 야심이 커지는 것이 느껴지자 코리아를 최소한 유럽 열강들과의 조약이라는 보호막 아래 두고 싶어 했다. 지금은 이홍장의 뒤를 이어 치리의 총독이 된 위안스카이〔원세개〕가 그 당시에 이홍장의 대리인으로 서울에 와 있었는데, 그가 서방에 대한 부분적인 개방의 필요성을 코리아 정부에 설득해 결국 미국, 영국, 독일과 조약을 체결하게 만들었다. 그러나 1884년에 일본은 중국 함대가 쿠르베 제독에 의해 파괴된 틈을 타서 중국 수비대가 주둔해 있던 서울에 상륙 부대를 보냈다. 그러다가 1885년의 텐진 조약을 통해 이토 히로부미와 이홍장은 두 열강이 코리아에서 동시에 군대를 철수하기로 했고, 앞으로는 조약 상대국에 대한 사전 통고 없이는 어느 쪽도 코리아에 군대를 보내지 않겠다고 선언했다. 동학이라는 종파의 반란으로 코리아에 개입할 필요성이 생기자 1894년 7월에 이토 내각은 바로 그 조약을 구실로 중일전쟁을 발발시켰다. 7월 25일에 이토는 코리아의 독립을 선언한 다음 동맹을 강요했고, 그로부터 6주 뒤에 중국의 육군과 해군은 반도에서 쫓겨났다.

동료 이토와 함께 1867년 혁명과 일본의 변혁을 주도한 인물인 이노우에 가오루 백작이 전권대사의 자격으로 서울에 와서 코리아의 개혁 임무를 떠맡았다. 사실상 그 당시에 코리아가 처해 있던 만성적 혼란 상태를 한층 더 심각하게 만든 것은 궁궐에서 벌어진 끔찍한 비극들이었다. 왕인 이희[고종]가 유약하고 능력도 부족했기 때문에 모든 권력이 민씨 가문 출신의 아름답고 오만했던 왕비 타우랑다오(Taou Lang Dao)[17]의 수중에 있었다. 민씨 가문은 명

나라 황제들의 가문이기도 했다는 점에서 코리아뿐만 아니라 중국의 최고 가문이기도 했다. 그렇게 해서 왕비의 가문에 모든 특혜가 집중되었고, 그것은 다른 유력 가문인 박씨, 김씨, 안씨 가문 등의 적대감을 불러일으켰다. 또한 왕의 아버지이자 '돌 심장과 강철 내장을 지닌 인물'이었던 대원군은 쿠데타에 의해 자기 대신 아들이 왕위에 오른 것을 못내 아쉬워했다.[18] 그래서 항상 왕과 왕비를 해치려는 음모를 꾸미고 있었다. 15년 전부터 그러한 권력 투쟁은 음모와 궁궐 내의 폭발 사건, 끔찍한 단죄의 악순환으로 나타났다. 이노우에 백작은 두 파벌 간의 악감정을 교묘히 유지시키며 그 사이에서 중재 역할을 했다. 이윽고 1895년 1월 7일에 이노우에는 왕이 선왕들의 명예를 걸고 새로운 헌법에 서명하게 했는데, 그 내용은 각료들의 권한과 재정을 정비하고 군대와 경찰을 개편하며 형법과 사법을 새로 만드는 것이었다.

같은 해 4월 17일, 이홍장은 시모노세키에서 역사의 신기원을 열게 될 조약 하나에 서명했다. 베이징 조정이 서구 문명 체계의 승리를 인정하면서, 황인종 세계(아시아)의 정신적 패권을 일본에게 넘겨준 것이다. 베이징 조정은 코리아를 포기했고, 랴오둥 반도와 페치리(Pe-Tchi-Li)만 전체를 관할하는 아서항을 일본에 양도했다. 그러나 4월 22일, 프랑스와 독일을 끌어들인 러시아가 외교

서울 근방의 왕릉.

적 수단을 동원해 도쿄 정부에 세 열강의 공동 각서 하나를 제출했는데, 극동의 균형을 깨뜨리지 말아야 한다는 명분 아래 랴오둥 반도의 포기를 일본에 요구했다. 5월 5일까지도 머뭇거리던 일본이 결국 그 요구에 굴복했고, 1억 2,000만 프랑의 배상금을 지불받는 조건으로 연말까지 아서항에서 철수하겠다고 약속했다. 그러나 10월이 되자마자 중국은 비밀리에 카시니(Cassini) 협약을 통해 전쟁이 발발할 경우 아서항을 작전 기지로 사용할 수 있는 권한을 러시아에 인정해주었다. 〔중국과 러시아 사이의〕 그러한 타협은 1896년 4월에 이홍장이 페테르부르크에 가서 로바노프 공과 공동으로 서명한 조약에 의해 더욱 확대되었다. 러시아의 정치가들이 선견지명 없는 프랑스의 암묵적 동조하에 역사적으로 러시아가 유럽에서 수행해온 역할에서 눈을 돌려 만주 점령에 무수한 군대와 재정을 쏟아 부었을 때, 그러한 모험에 따르는 위험과 이해 득실을 제대로 계산했는지는 미래의 역사가 말해줄 것이다. 실제로 그때부터 승전의 과실을 박탈당한 일본은 쉼 없이 복수를 준비했고, 만주에서 영향력을 잃어버린 까닭에 우선은 코리아에 모든 노력을 집중시켰다.

서울에서 이노우에 백작의 자리는 장군 출신인 미우라 고로 자작으로 교체되었다. 일본의 독재자들은 코리아의 왕비를 지독한 적으로 간주했는데, 일본에 호의적인 각료들을 그녀가 모두 해임시켰기 때문이다. 1895년 10월 8일 새벽 4시에, 장교들의 지휘를 받은 일본과 코리아의 병사들이 궁궐로 난입했다.* 대부분 유럽식 복장을 한 한 무리의 일본인 '소시(자객)'들도 병사들과 함께 들이닥쳤다. 그들은 왕을 밀쳐 쓰러뜨리고 왕궁의 여러 방을 뒤지고 다니다가 마침내 측실(側室)의 한 방에서 왕비를 찾아냈다. 그들은 왕비를 칼로 난자했다. 그리고 왕비의 목숨이 채 끊어지기도 전에 몸을 이불로 덮어서 뜰로 끌어낸 다음, 석유를 붓고 그 위에 불을

---

* 이 사건의 세세한 내용은 법무대신 이범진 경이 작성한 1895년 10월 사건에 관한 보고서를 참조했다(*Korean Repository*, 1896년 3월, 영어판).

구궁의 대문.

질렀다. 혹시라도 오인이 있었을까 해서 그들은 눈에 띄는 대로 궁
내의 모든 여인들을 죽였다. 뒤이은 여론은 하나같이 대원군과 미
우라 장군을 사건의 주모자로 지목했다. 일본 정부는 어쩔 수 없
이 미우라를 전쟁위원회에 회부했지만, 그는 무죄 판결을 받았다.
그리고 미우라는 고무라 자작(현재의 외무대신)으로 교체되었다. 그
런데 1896년 2월 11일 밤에 왕 이희가 후계자인 왕자와 함께 궁을
빠져나가 러시아 공사관으로 피신했다. 러시아 공사관은 해군 수
비대가 지키고 있었다. 그곳에 머문 여섯 달 동안 왕은 일본의 압
력 때문에 내렸던 모든 칙령들을 무효화시켰다. 또한 알루강 연안,

코리아와 만주 사이를 흐르는 두만강 연안의 막대한 삼림 채벌권을 러시아에 넘겨주었다. 군즈부르크 남작이 서울 주재 대표였던 그 양도 지역은 구역 내에 위치한 의주항과 안동(현재 단둥)항의 개항을 놓고 계속해서 심각한 국제적 분쟁의 불씨가 되었다. 그렇게 러시아의 영향력이 커지는 것과 함께 코리아 문제도 유럽 정치의 관심사가 되었다.

오래전부터 러시아는 코리아 반도를 주시해왔다. 비옥한 토양과 낮은 인구 밀도가 식민 지배의 훌륭한 조건으로 보이기도 했지만, 자유항을 얻을 수 있다는 것도 중요했다. 특히 장산은 겨울 두 달 동안 빙하 때문에 고립되는 블라디보스토크를 대체할 수 있었다. 그런 러시아의 의지를 사전에 차단하기 위해 영국은 해밀튼항(거문도)의 철수에 앞서 1887년 2월부터 베이징 주재 러시아 공사에게서 러시아 정부가 어떠한 경우에도 코리아 영토를 점령하지 않겠다는 약속을 받아내려고 애썼다. 또한 일본은 러시아와 협약을 체결해야 한다고 판단했다. 1896년 7월 29일, 모스크바에서 니콜라스 2세의 대관식에 즈음해 로바노프 경과 야마가타 아리모토 원수 사이에 조약이 체결되었다. 조약은 서울-부산 간 전신 시설을 보호하기 위한 일본 군대 800명의 코리아 주둔과 장산항, 서울, 부산에 살고 있는 일본인들의 거주를 승인했다. 러시아도 동일한 권리를 인정받았고, 추가로 서울과 시베리아 국경 간에 전신 시설을 구축할 수 있는 권리를 갖게 되었다. 두 열강은 상호 협력하에 코리아 정부의 재정과 경찰력을 재편성하기로 결정했다.

그러나 1897년 2월 이후 지금까지 프랑스와 러시아 공관이 위치한 언덕 발치의 작은 궁궐[19]에 은둔해 있는 왕 이희는 여전히 러시아의 영향력 아래 있었다. 그는 코리아 군대의 교육을 러시아 교관들에게만 맡겼고, 1897년 11월에는 러시아인 고문 알렉세예프

신궁의 알현실.

를 불러들여 영국인 맥리비 브라운 대신 재정 감독관 업무를 맡게 했다. 그러나 1898년 3월 18일, (중국의 고위 관료) 충리(Tsung Li)로부터 아서항의 조차(租借)와 만주 횡단 철도의 아서항 지선 건설권을 얻어낸 러시아는 코리아에 대한 관심이 점점 옅어지고 있었다. 그리고 니시-로젠 협약을 통해 정치적 영향력까지는 아니더라도 최소한 경제적 이해관계에 있어서는 코리아를 일본에 내주기에 이르렀다. 이내 러시아 고문들과 교관들까지 서울을 떠났고, 일본의 영향력은 차츰 확대되어 갔다. 일본은 마삼포에 일본인들을 위한 특별 조계를 얻어냈고, 시부자와 에이치 남작의 다이이치 은행이 코리아 정부에 200만 엔을 대출해주도록 주선했다. 코리아 남부 지방의 조세 징수권을 그 은행의 지점들에게 넘겨주는 조건이었다. 또한 일본과의 무역이 코리아에서 차지하는 일차적 중요성을 인정한다는 조건도 있었는데, 외국을 상대로 한 코리아 반도 전체 교역량의 절반 가까이가 일본과의 무역을 통해 이루어지기 때문이다. 일본은 1,000만 엔 규모의 면 제품, 청주, 소금 등을 코리아에 팔고, 비슷한 액수의 쌀, 잠두, 피혁, 정어리 등을 코리아에서 사 간다.

1901년에 코리아의 항구에 들어온 4,972척의 선박들 중에서 3,238척이 일본 배였다. 서울의 가톨릭 포교관 근처에는 진고개라는 구역이 있는데, 1882년에 이홍장이 일본에 양도한 곳이다. 3,000여 명의 일본인들이 살고 있는 그곳은 그야말로 소규모의 일본인 도시라고 할 수 있는데, 우체국, 경찰서, 군대, 특별 행정기관까지 갖추어져 있다. 상시적으로 코리아에 거주하는 일본인만 해도 최소 2만 명에 이르고, 비슷한 숫자의 일본인들이 항상 코리아를 왕래한다. 또한 일본인들은 서울-부산 간 철도 건설을 적극적으로 추진하고 있기도 하다. 서울-부산 간 철도 건설의 사업권을

신궁의 도서관 앞 층계.

따낸 회사는 125프랑짜리 주식 50만 주를 팔아서 6,200만 프랑의 자본금을 마련했다. 제일 먼저 주식을 인수한 사람들 중에는 일본 황제와 황실, 코리아의 황제와 황제의 추정 상속인이 있다. 철도는 1.42미터 너비의 표준궤도로, 총연장 1만 2,210미터에 달하는 터널 서른한 개를 통과하게 된다. 낙동강 골짜기를 거슬러 올라 신교(Sin-Gyo)에 이르면 '코리아의 정원'인 전라도 지방의 열차 운행을 위해 그곳에서부터 목포로 연결되는 지선이 만들어질 예정이다. 북쪽으로는 노들(No-dol)까지 이어지고, 그곳에서 제물포와 서울의 남대문을 잇는 철도에 연결된다. 코리아의 가장 풍족한 지방을

신궁의 정원.

가로질러 가는 셈이다. 낙동강과 금강에는 두 개의 다리가 놓이는데, 각각 420미터와 360미터이다. 두 역 사이의 총연장이 471킬로미터밖에 안 되기 때문에 12시간이면 부산에서 서울까지 갈 수 있을 것으로 예상된다. 코리아 정부는 프랑스 기술자들의 도움을 받아 이 철도를 서울에서 만주 국경까지 연장할 계획이다.

그러나 그러한 연장 계획에 러시아 측이 반대하고 나섰다. 이미 서울을 장악한 일본의 영향력이 서울에서 출발하는 철도를 통해 알루강까지 확장되지 않을까 두려워한 것이다. 실제로 일본의 철도 회사는 서울-부산 철로의 양쪽 연변에 땅을 확보해 자기 회사의 노동자 가족들에게 분배했다. 철도 건설 작업이 끝나는 대로 그들이 토지 개발에 뛰어들게 할 요량인 것이다. 그래서 러시아 정부는 만주 횡단 철도의 지선을 건설해 랴오양과 알루강 연변의 의주를 연결하기로 결정했다. 그와 동시에 러시아 정부의 대리인인 군즈부르크 남작을 통해 의주-서울 간 철도의 사업권을 따내려고 시도했다. 북쪽의 국경에서 시작해 점차 남쪽으로 자신들의 영향력을 넓혀갈 생각이었던 것이다. 부산 남쪽 30킬로미터 지점에는 25킬로미터 길이에 폭이 3미터쯤 되는 '더글라스-인렛(Douglas-inlett)'이라는 이름의 협로가 있는데, 그 협로를 따라가면 마산포의 아름다운 정박지에 이르게 된다. 두 개의 섬으로 둘러싸인 그

정박지는 낙동강을 따라 코리아의 가장 비옥한 고장과 연결되어 있다. 그런데 러시아의 아시아 횡단 철도가 언젠가는 반드시 도달해야 할 지점이 바로 그곳, 즉 상하이와 고베의 중간 지점인 마산포 정박지이다. 그래야만 싱가포르에서부터 요코하마와 샌프란시스코까지 극동의 모든 부를 빨아들이는 거대한 무역의 물줄기에 합류할 수 있기 때문이다.

그러므로 일본과 러시아의 목표는 이론의 여지없이 서로 상충된다. 일본의 가장 중요한 버팀목은 코리아에서 미미한 존재가 되어버린 영국이 아니라 코리아에 상당한 이해관계를 갖고 있는 미국이다. 미국의 기업인협회들은 아주 적극적이고 과감하다. 그들은

현 궁궐의 대문.

제물포-서울 간 철도를 건설했고(곧바로 일본인들에게 매각했지만), 뒤이어 서울에 전차 회사, 전기 회사, 샘물 회사를 세웠다. 그들은 코리아 국립은행의 설립을 모색하고 있고, 운산에는 아주 번창하는 금광 하나를 소유하고 있다. 미국 시민권자는 240명 정도인데, 그중 다수가 아주 활동적이고 영향력 있는 개신교 선교사들이다. 그렇게 해서 미국은 러시아에 맞서 '개방'이라는 자유주의 원리의 옹호자를 자처하는 일본과 연대했다. 또한 1854년 미국에 의해 서구 문명에 문호를 개방한 이후로 유럽보다 미국과 더 가까워진 일본은 일종의 미국 식민지처럼 되어버렸다. 많은 일본인들은 미국과의 동맹을 통해 스페인으로부터 필리핀을 넘겨받고자 했던 자신들의 꿈을 무산시킨 1898년의 역사적 사건을 보상받을 수 있기를 희망한다. 아마도 그들은 1,000만에 달하는 타갈로그 족 가톨릭 신자들과의 합병이 16세기에 쇼군들에 의해 척결된 기독교 전통을 일본에 다시 복원시키는 결과를 낳을 수도 있다는 사실에 대해서는 눈을 감고 싶어 하는 것 같다. 어쨌든 운명의 선택은 그렇지 않았다. 그리고 일본인들의 생각은 이렇다. 인종적으로도 일본인들과 더 가까운 타갈로그 족의 입장에서는 태평양의 미래를 좌우할 미일 동맹의 보호를 받아들임으로써 최소한 그들의 정당한 요구인 독립을 획득할 수 있지 않겠느냐는 것이다.

가마를 타고 궁궐로 가는 이용익.

　　이렇게 코리아에서 미국과 일본이 서로를 지지하고 있다면 러시아는 프랑스와의 동맹에서 강력한 원군을 찾으려고 한다. 사실상 현지의 유럽인들 중에는 프랑스인들이 가장 많고(러시아인들은 미미한 수준이다), 프랑스인들의 막강한 영향력은 전적으로 두 명의 뛰어난 인물을 중심으로 행사되고 있다. 콜랭 드 플랑시 공사와 뮈텔 주교가 그들이다. 플랑시 공사는 코리아에 정통한 동양 전문가인데, 궁정 내에 강력한 입지를 구축하는 데 성공했다. 뮈텔 주교는 코리아의 프랑스 교회를 비약적으로 발전시킴으로 장차 미국인 선교사들과의 뜨거운 경쟁에 대처할 수 있게 해주었다. 두 사람의 그런 훌륭한 활동이 우리의 미래와 무관한 나라에서 헛되이 소모되지 않고 극동의 또 다른 각축 지역인 방콕에서 이루어졌더라면 하는 아쉬움을 금할 수 없다. 지휘·감독의 부재로 방콕의 프랑스인 이주 사회는 아주 뒤처진 수준으로 전락하고 말았다.

　서울과 만주 국경을 이어줄 북서 철도가 지나가는 지방은 남부 철도에 비해 덜 풍요로운 지역이어서 수지타산도 맞지 않을 것으로 예상된다. 1896년에 철도 건설 인가를 받은 피브-릴 회사는 예비 검토를 해본 뒤에 이득이 별로 없다는 결론을 내렸고, 결국 인가는 1899년에 효력을 상실하고 말았다. 그러자 서울 주재 프랑스 공사가 수완을 발휘해 코리아 정부가 직접 철도를 건설하되 프랑스인 기술자와 프랑스 자재만을 사용하도록 설득했다. 그렇게 해서 이용익이 총괄하고 프랑스 공사관 대신이었던 L씨가 관리하는 철도 사무소가 만들어졌다. 그리고 프랑스 기술자 두 명과 공사 기술 감독 한 명이 초청되었는데, 그들은 이미 서울-송도 노선(80킬로미터)에 대한 연구를 마친 상태이다. 그러나 코리아 정부의 재정적 어려움 때문에 공사 시행은 한없이 연기되고 있다. 1901년에 연안(Yunnan)의 프랑스인협회는 이용익을 상대로 세관 수입을 담보로 한 500만 엔의 차관 계획에 서명했다. 그러나 세관의 책임 판무관인 맥리비 브라운이 그 계획에 반대했다. 서울에서 그의 위상은 베이징의 로버트 하트 경에 버금갔다. 결국 그는 영국 공사와 일본 공사의 지원을 받아 그 계획을 좌절시켰다. 물론 러시아도 우리가 익히 알고 있는 이런저런 이유들 때문에 북서 철도 건설을 그다지 탐탁하게 여기지 않았다.

그 외에도 프랑스 공사는 두 명의 프랑스인 관리가 병기창을 개편하는 임무를 맡도록 주선했고, 우편국 감독 고문과 황실 광산국장 자리도 프랑스인들이 차지하게 만들었다. 광산국장 밑에는 두 명의 기술자와 건설 기사 한 명도 딸려 있었다. 예전에 사이공 상고법원의 초대 원장을 지낸 법률 고문은 형법을 제정하는 일과 프랑스인 학교의 몇몇 학생들에게 법률을 가르치는 일을 맡고 있다. 프랑스인 학교의 학생 수는 한 학년에 100명 정도로 외국인 학교들 중에서 가장 많다. 학생들은 프랑스인들이 감독하는 부처에서 통역으로 일하도록 되어 있다. 그래서 국가가 운영하는 영국인 중학교와 재정 지원을 받는 영미인 학교가 있음에도 불구하고 서울에서 프랑스어는 영어 못지않은 보급률을 자랑한다. 프랑스인 학교의 교장인 마르텔 씨는 코리아 정부의 전적인 신뢰를 받고 있고, 코리아 정부를 대신해 체푸(Tché-fou)와 텐진에서 여러 가지 중요한 임무를 수행한 적도 있다. 마지막으로 서울의 제일 좋은 호텔과 종합 식품점도 프랑스인들이 운영하는 것들이다. 그래서 이 을씨년스러운 도시에도 프랑스적인 삶의 활기 같은 것이 존재한다. 코리아 왕의 관리로 일하는 동포들의 집에서는 매일 저녁 흥겨운

서울의 일본 주둔군.

저녁식사를 즐길 수 있다. 유력자들이 주선해준 우리 동포들의 거처도 아주 운치가 있다.

코리아를 사이에 놓고 다투고 있는 세력들 간의 불안한 대비는 〔프랑스 대혁명 기념일인〕 7월 14일의 리셉션에서 분명하게 드러났다. 프랑스 공사관의 화려한 살롱에서 벌어진 그날 저녁 만찬의 마지막 코스는 훌륭한 야식이었다. 외교관들과 무용수들 사이에서 푸른색과 흰색의 정장을 입은 이용익과 코리아 대신들의 엄숙하고 부자연스러운 태도는 낡은 아시아의 보수적인 정신을 고스란히 보여주는 것만 같았다. 무겁게 반쯤 감긴 눈꺼풀 밑으로 새어나

오는 그들의 수수께끼 같은 시선은 외국인들에 대한 그들의 감정을 말해주는 듯했다. 그것은 예전에 서울 정부가 미국 함대의 사령관을 상대로 표명한 바 있는 감정이기도 하다. "코리아 민족은 4,000년 동안 자신의 문명에 만족하며 살아왔고, 그에 대한 아무런 변화의 필요성도 느끼지 못했다. 우리는 우리나라 안에 평화롭게 머물면서 단 한 번도 다른 민족을 괴롭히러 간 적이 없다. 그런데 당신들은 왜 우리나라에 와서 우리의 평화를 방해하는가? 당신들의 나라는 서구에 있고, 우리나라는 극동에 있다. 그렇게 수수만년을 당신들과 우리는 따로 떨어져 살아왔다. 당신들이 대양을 건너 그 먼 거리를 가로질러 온 이유가 도대체 무엇인가? (……) 일부라도 우리의 영토를 차지할 생각이라면 우리는 결코 당신들을 용납하지 않을 것이다. '그저 우리와 관계를 맺으려는 의도밖에는 없다 하더라도 그 또한 있을 수 없는 일이다.'"[*]

그러나 그들과 조금 떨어진 곳의 창문 옆에서는 총리로부터 아서항의 조차를 이끌어낸 인물인 러시아 공사 파블로프가 미국 공사 앨런, 일본 공사 하야시 곤스케와 이야기를 주고받았다. 대머리인 파블로프는 창백한 얼굴에 턱수염을 길렀고, 일본 공사의 얇

---

[*] 샤이에 롱 베 대령의 번역, 인용(기메 박물관 연감, XXVI, p.11).

은 입술에서는 미소가 떠나지 않았다. 그들 뒤쪽의 창문을 통해 거대한 황인종 도시의 초가지붕과 궁궐, 공사관 건물들이 달빛 아래 모습을 드러냈다. 길고 오랜 잠에 빠져 있는 도시는 마치 거대한 장기판처럼 보였다. 그 장기판 위에서 지금, 태평양의 헤게모니 문제를 결정적으로 매듭짓게 될지도 모를 최후의 승부가 벌어지고 있는 것이다.

이 책의 저자인 장 드 팡주(Jean de Pange, 1881~1957)는 그다지 알려져 있는 인물은 아니지만, 프랑스 로렌 지방의 명문 귀족 집안에서 태어난 역사학자이자 저술가이다. 파리에서 문학과 법학을 공부했고, 1903년에 국립고문서학교에서 박사 학위를 받았다. 영국의 옥스퍼드대학교, 독일의 뮌헨대학교에서도 수학한 경력이 있다. 알사스-로렌 지방을 둘러싼 프랑스와 독일 간의 분쟁에 깊은 영향을 받아, 그 지역의 역사, 언어, 문화에 대한 많은 글들을 남겼다. 그는 폐쇄적 민족주의의 폐해를 지적하면서 유럽의 문화적 통일성을 주창했고, 그런 맥락에서 경계 지역의 복합 문화 현상을 옹호하기도 했다. 제2차 세계대전 중에는 나치 체제를 피해 망명한 독일인들을 도왔다는 혐의로 독일 점령군에 의해 체포·수감된 적도 있다. 당대 프랑스의 저명한 정치가들이었던 드골, 로베르 쉬망 등과도 절친한 사이였다.

그런데 저자 자신보다는 그의 아내였던 폴린 드 팡주와 관련된 몇 가지 흥미로운 사실들이 있다. 그의 아내는 프랑스의 가장 유서 깊은 귀족 가문들 중의 하나에서 태어났는데, 그녀가 쓴 회고록 중의 하나인 『나는 1900년을 어떻게 보았는가(Comment j'ai vu 1900)』는 20세기 초반의 프랑스 귀족 사회에 대한 탁월한 보고서 중의 하나로 여겨지고 있다. 특히 그녀의 어머니와 사촌 간이었던 그르퓔(Greffulhe) 백작부인의 살롱은 작가 마르셀 프루스트, 모리스 바레스 등이 드나들던 살롱이었고, 결국 그르퓔 백작부인은 프루스트의 『잃어버린 시간을 찾아서』에 등장하는 게르망트 공작부인의 모델이 되었다. 또한 폴린 드 팡주는 19세기 초에 『독일론(De l'allemagne)』 등의 저작을 통해 독일 낭만주의를 프랑스에 소개하는 데 지대한 역할을 한 스탈 부인(Madame de Staël)의 직계 후손이었고, 그런 인연 때문에 1955년에서 1960년 사이에 『독일론』의 결정판을 출간할 때 책임편집을 맡기도 했다.

드 팡주 부인의 회고록에 따르면, 남편 드 팡주는 내성적이고 박학하며 지적인 동시에, 말레이시아의 고무 회사나 미국의 철도 회사에 투자할 정도로 적극적이고 과감한 인물이었다고 한다. 무엇보다도 그는 독일과 프랑스의 선린 관계를 위해 많은 노력을 기울인 인물로 소개되어 있다. 그 밖에도 부부가 신혼여행으로 독일의 뮌헨에 여섯 달 동안 체류하면서 방 열네 개짜리 아파트에서 생활했다든가, 20년대 후반 파리에 머물던 시절에는 당대의 저명한 작가, 철학자, 정치가들이 그들의 아파트에 드나들었다는 사실 등도 저자의 신분이나 사회적 위상과 관련된 꽤 흥미로운 일화들이라고 할 수 있다.

드 팡주는 20여 권에 달하는 저작과 세 권의 일기를 남겼는데, 『프랑스 역사학자의 한반도 여행기 코리아에서』는 그가 20대 초반에 쓴 첫 번째 저작이다. 본문에는 그가 일본을 거쳐 제물포를 통해 서울에 들어왔다가 금강산과 원산을 여행하고 다시 서울로 돌아온 것으로 되어 있지만, 여행의 구체적인 시기에 대해서는 전혀 언급이 없다. 다만 이 책이 프랑스에서 간행된 것이 1904년이므로, 그가 한국을 여행한 시기는 대략 1902년에서 1903년 사이가 아닐까 추정해볼 수 있다.

책은 크게 세 부분으로 나뉘어져 있다. 제일 앞부분에서는 저자가 서울에 체류하면서 거리와 궁궐 등에서 보고 느낀 점들을 서술했고, 두 번째 부분에서는 금강산의 여러 사찰들을 거쳐 원산까지 다녀온 여정을 기록했으며, 세 번째 부분에서는 그 당시 한국에 진출해 있던 외국인들의 실태를 간략히 기술하고 있다. 그리고 저자가 직접 촬영한 30여 점의 사진들이 글의 중간중간에 삽입되어 있다. 전체적으로 기행문의 형식을 취하고 있긴 하지만, 낯선 이방의 땅을 여행하는 사람의 주관적인 인상과 감흥을 기록하는 데 그치지 않고 한국의 문화·역사·종교, 한반도를 둘러싼 당시의 국제정세 등을 자국의 대중들에게 소개하려는 저자의 의도를 충분히 엿볼 수 있는 글이다. 한반도를 둘러싼 열강들 간의 각축을 설명하고 있는 책의 세 번째 부분이 특히 그러하다.

다만 20대 초반의 저자가 어떤 경로를 통해 그런 정보와 자료들을 얻었는지, 그 출처에 대해서는 전혀 언급이 없다. 또한 여행 기간 동안의 의사소통은 어떻게 이루어졌는지, 다시 말해서 통역은 누가 어떻게 해주었는지에 대해서도 전혀 밝혀져 있지 않다. 어쨌든 여행을 전후해 저자가 한국에 대해 꽤 많은 공부를 했으리라는 점만은 분명해 보인다. 정확성이나 객관성 여부를 떠나서, 예컨대 민비 시해 사건의 전말, 엄격한 신분제와 과거제도의 허점, 상품 거래를 둘러싼 상인조합과 보부상의 폐단, 장례와 결혼 풍습 등에 관한 지식은 짧은 기간의 여행을 통해서는 결코 획득될 수 없는 것들이기 때문이다. 조선의 유교가 오랜 불교 전통을 말살해버렸다고 아쉬워하는 저자의 태도라든가, 관료들의 부패가 당시 한국 사회의 가장 큰 문제라는 생각, 한반도가 열강들이 각축을 벌이는 장기판 같다는 인식 등도 마찬가지이다.

이 글이 발표된 시기까지도 대부분의 서구인들에게 한국은 '고요한 은둔의 나라', '극동의 모로코' 등의 이미지로 각인되어 있었던 나라였다. 그리고 프랑스의 경우에도 아시아에 대한 국가적 관심은 주로 중국 남부와 인도차이나 지역에 집중되어 있었다. 그래서 선교사들이나 군인, 외교관이나 여행자들의 수기가 한국에 관한 정보의 가장 중요한 원천이었다. 그나마 조선에 진출한 프랑스인 선교사들에 대한 박해 때문에 촉발된 병인양요(1866) 이후에야, 중국 대륙과 해양 사이에 위치해 있다는 지정학적 중요성 때문에 한국에 대한 프랑스의 국가적 관심도 조금씩 커지기 시작했다. 그런 점에서 이 책을 쓴 저자의 관점도 당시에 한국에 대해 프랑스가 가지고 있었던 일반적인 관점, 즉 한국은 그 지정학적 중요성에도 불구하고 개방을 거부하는 폐쇄적인 태도 때문에 열강들이 벌이는 각축전의 희생이 되고 말 것이라는 관점과 거의 일치한다. 상당히 문학적으로 표현되어 있기는 하지만, "변하지 않는 전통의 중심에 도피해 있는 늙은 제국의 쇠약한 정신은 그 수도의 모습, 즉 외부 사상이 감히 넘보지 못하게 제방처럼 둘러싼 산자락 안쪽에 웅크리고 있는 이 도시의 모습과 꼭 닮았다."라든가, 프랑스 공사관의 화려한 리셉션에 참석한 러시아, 일본, 미국 공사들의 모습 뒤로 "길고 오랜 잠에 빠져 있는 도시는 마치 거대한 장기판처럼 보였다."라는 묘사 등에서 그 점은 여실히 드러난다. 어쨌든 여행을 통해 자신이 직접 보고 겪은 일들을 묘사하는 부분에서는 저자의 세밀한 관찰력과 직관력이 꽤나 돋보이는 글이라고 할 수 있다.

타인의 시선은 왠지 우리를 불편하게 만들면서 또한 우리의 호기심의 대상이 되기도 한다. 비록 100여 년 전의 기록이지만, 이 글이 우리의 관심을 끄는 것도 바로 그런 이유 때문일 것이다. 그리고 한국문학번역원이 이 책의 번역을 기획한 의도도 '과거에 서구가 우리를 어떻게 바라보았는가' 하는 관심에서 출발해, 장차 문화 간의 상호 이해와 통섭을 준비하자는 데 있을 것이다. 번역의 기회를 마련해준 한국문학번역원에 감사드린다.

가능한 한 많은 역주를 달아서 독자들의 이해를 돕고자 했지만, 부족한 점도 많고 세부적인 오류 또한 적지 않을 것이다. 특히 어려웠던 점은 프랑스어 알파벳으로 표기된 지명이나 고유명사들을 우리말로 옮기는 문제였다. 혹시라도 오류가 있다면 바로잡을 수 있는 기회가 오기를 바란다.

옮긴이 심재중

옮긴이 주

1 프랑스어 표기는 당연히 '꼬레'지만, 이 책에서는 '조선'이나 '한국'으로 옮겨 적거나 원어 발음 그대로 표기하기보다는 국제적으로 가장 많이 알려진 명칭으로 표기하는 것이 좋겠다고 판단하여 'Corée'를 '코리아'로 옮겼다.

2 원산.

3 러시아 로마노프왕조의 제4대 황제.

4 스페인의 마드리드 북서쪽 45킬로미터 지점에 있는 성 로렌스 델 에스코리알 수도원을 가리킨다. 스페인 르네상스의 대표적 건축물로, 펠리페 2세의 명에 따라 1582년에 수도원 겸 왕궁으로 지었다.

5 광화문.

6 근정전.

7 경회루.

8 이용익(李容翊, 1854~1907). 한말의 정치가. 1897년 내장원경(內藏院卿)에 발탁되면서부터 큰 영향력을 행사했다. 서북철도국 총재, 중앙은행 총재, 탁지부 대신, 군부 대신과 육군 부장(副將)을 역임했다. 보성학원의 설립자이기도 하다.

9 '관수(官需)'의 음차 표기인 듯하다.

10 문맥에 대한 이해를 돕기 위해 프랑스어 표기 뒤에 통상적인 명칭을 병기할 경우에는 〔 〕를 사용했다.

11 '반인(班人)'의 음차 표기인 듯하다.

12 '양반'의 잘못된 음차인 듯하다. 이후부터는 '양반'으로 옮겼다.

13 프랑스어로 표기된 명칭이 정확히 무엇을 가리키는지 확인할 수 없는 경우에는 프랑스어 표기를 병기했다.

14 '마하연'을 가리키는 듯하다.

15 라자레프 항구는 영흥만이고, 영흥만은 원산만의 다른 이름이다. 따라서 이 글의 필자가 '장산만'과 '라자레프 항구'라는 이름으로 지칭하고 있는 두 곳의 만은 원산만을 이루고 있는 두 개의 만, 즉 송전만과 덕원만을 가리키는 듯하다.

16 '금강경'을 이르는 듯하다.

17 문맥으로 보아 명성황후를 지칭하는 이름이다.

18 저자가 고종과 대원군에 대해 잘못 알고 있는 부분이다.

19 경운궁, 즉 지금의 덕수궁.

스코틀랜드 여성 화가의 눈으로 본

한국의 일상

콘스탄스 테일러 지음
황혜조 옮김

KOREANS AT HOME

THE IMPRESSIONS OF A SCOTSWOMAN

BY

CONSTANCE J. D. TAYLER

CASSELL AND COMPANY, LIMITED
LONDON, PARIS, NEW YORK AND MELBOURNE
ALL RIGHTS RESERVED.   MCMIV

차례

머리글

이 소책자는 잘 알려지지 않은 한국이라는 나라와 관련된 몇 가지 사실들과, 몇 차례 한국을 방문하는 동안 느꼈던 인상들을 기록한 것이다.

나는 한국이 1894~1895년에 일어난 청일전쟁의 불씨가 되어 결국 전쟁을 촉발시킨 원인이라고 해서 이 책이 전쟁을 다루는 장르에 속한다고 생각하지는 않는다. 마찬가지로 나는 당시의 정치적인 상황에 대해서도 전혀 손대지 않았다.

나는 한국에 사는 유럽 사람들과 미국 사람들을 언급할 때 '외국인'이라는 용어를 사용하는데, 극동 지역에 거주하는 외국인들은 자신들을 거론할 때 이 말을 자주 사용하곤 한다.

한국에 거주하는 교민들의 친절함 덕분에 나는 이 책에서 기록하고 있는 많은 일들을 손쉽게 들을 수 있었고 경험할 수 있었으므로 이 기회를 빌려 그들에게 감사와 고마움을 전하고 싶다.

제 1 장
한국의 가정: 서울에서

아이들 같은 상상을 한번 해보자. 당신은 지금 한국[1]에 있는 우리 집을 방문하러 오는 길이다. 서울의 서대문에서 큰길을 따라오다가 좁은 골목길로 들어가면 그 끝에 평범한 한국식 목조 건물의 대문이 보인다. 이 문의 양 옆에는 작은 문간방이 딸려 있다. 육중한 대문이 닫혀 있으면, 당신은 밖에서 잠시 멈춰 서서 '문지기'를 외쳐 불러야 한다.

두 번이나 세 번까지 불러야 할 때도 있다. 문지기는 여유를 부리는 사람이기 때문이다. 만약 그 사람이 식사에 열중해 있다면 그는 식사를 다 하고 나서야 비로소 당신 앞에 나타날 것이다. 그가 작은 창문을 내다보면서 무슨 볼일이 있냐고 묻는 듯한 표정을 지어보이면 당신은 발음하기 힘든 "부인 있소(Pouen isso)?"라는 말을 그에게 해야 한다. 그 뜻은 "부인이 있습니까?"이다. 그 사람이 "없소."가 아니라 "있소."라고 말할 경우, 당신이 명함을 건네면 그때서야 그는 대문을 활짝 열고 어떤 독특한 몸짓을 해가며 앞장서 당신을 마당으로 데려갈 것이다.

내가 데리고 있는 두 명의 여종 중 한 명이 그 명함을 받을 것이다. 그녀는 명함을 나에게 전해주고, 잠시 뒤 당신을 내 거실로 안내할 것이다. 이 여종들의 이름은 김 씨와 박 씨로 우리의 브라운이나 스미스만큼 한국에서는 아주 흔한 이름이다. 이들은 중국인 요리사와 함께 우리 집에서 내 시중을 드는 사람들이다. R양은 나와 한국에서의 생활을 함께하며 동고동락하는 사람인데, 여종한 명과 머슴 한 명을 데리고 있다.

김 씨는 용모가 매우 아름다운 부인으로 웃음이 헤프다는 것이 유일한 단점이다. 박 씨는 성격이 나무랄 데 없지만 특이해서 언제나 우리에게 재밋거리를 준다. 박 씨는 하고 싶어 하는 일이 한 가지 있는데 ―사실 그녀가 유일하게 고집하는 일― 방문하는 손님들마다 아는 척하는 일이다. 그녀는 사랑방 밖 툇마루에 자리를 잡고 앉아 줄곧 기회를 엿보다가 방문객과 눈길이 마주치는 순간, 인사를 주고받는다. 그녀는 이렇게 해야 직성이 풀려 하던 일로 되돌아간다. 박 씨에게 있어서 일은 열정이다. 그녀의 일은 세탁과 옷 수선인데, 간혹 세탁이나 수선해야 할 옷이 없는 경우, 그녀는 불안하게 어슬렁거리며 집 안을 돌아다닌다. 그러면 나는 거의 미칠 지경이 된다. 나는 그런 일로 신경을 쓰지 않기 위해 가급적이면 뭐든지 찾아 단추를 떼어 낸 다음, 그것을 수선하라고 그녀에게 주기도 한다. 박 씨는 자기에게 맡겨진 일감을 보고 손뼉을 치며 반색하는데, 감지덕지 어쩔 줄 모르는 표정이다. 여담이 길어졌다. 하지만 그녀의 유별난 성격을 잘 알게 되었으니 당신은 이제 이 괴상하고 '안절부절못하는' 인물이 창문 밖에 서 있으면 정중

서울의 우리 집.

하게 인사를 해 흐뭇하게 물러가도록 하면 된다.

방 안에 들어왔을 때 처음 눈에 띄는 물건은 서까래일 것이다. 이것은 영국의 오래된 농가 부엌에서 볼 수 있는 서까래와 닮았다. 한국의 모든 가옥에는 서까래가 쓰이는데, 다음과 같이 집을 짓는다. 첫 번째로 모퉁이 기둥들을 땅에 단단하게 세운다. 이 기둥의 꼭대기 부분에 칼로 홈을 파고, 이 홈에 네 개의 수평 가로대를 끼운다. 이것은 가옥의 틀을 짜는 일에 해당된다. 서까래와 지붕을 만들고 나서 마지막으로 돌이나 짚으로 담을 쌓아 회반죽으로 골고루 바르고, 다시 덧바르면 집이 완성된다. 미닫이문, 격자무늬 창, 그리고 방들 사이의 칸막이에는 한국에서 만든 질긴 기름종이를 바르는데, 이 종이들은 같은 용도로 중국에 팔려 나간다.

한옥은 모두 움푹 파인 빈터, 즉 갱²을 만들어 그 위에 세우며 갱에 편평한 돌을 차곡차곡 쌓아 두덩을 올리면 연통이 뚫리게 된다. 집 바깥벽에 있는 아궁이의 열과 연기가 이 연통으로 흘러들어오고, 연기는 저절로 길을 찾아 반대쪽 벽에 세워진 굴뚝을 통해 밖으로 빠져나간다. 이것이 바로 중국과 한국의 집들에 도입된 난방 방식이다. 이 '뜨거운 바닥'을 달가워하지 않는 외국인들은 그 대신에 난로를 사용한다. 우리 집에서도 이 갱을 사용하지 않아 길 잃은 고양이들의 소굴이 되었는데, 그들이 어떻게 들어왔는지는 아무도 모르며 그들을 다시 내쫓기는 대단히 힘들다!

우리 집에 와 있으면 반드시 중국 요리사를 보게 될 것이다. 그는 손님이 오면 그때서야 비로소 찾아와 식재료가 떨어졌다고 알리는 습관이 있기 때문이다. 그는 옆으로 비켜 서서 방안을 향해 인기척을 하며 겸연쩍은지 '씩' 멋쩍은 웃음을 짓는다. 그러고는 "블레드 노(Bl-ed no)." "슈걸 노(Su'g'r no)."라고 선언하곤 한다. 그러면 나는 빵과 설탕 같은 식품이 다 떨어졌다는 것을 알게 된다. 그는 식사 전에 이 사실을 알리게 되어 다행이라는 듯, 내가 마당쇠를 불러 중국 상점 애태(Ai Tai)[3]로 황급히 보내는 것을 보고

서울의 '외국식' 거실.

쾌재를 부른다.

처음에 웡(Wong)이 우리 집에 들어와 일하게 되었을 때, 그는 이 일로 구전(口錢)을 뜯어내는(squeeze)[4] 수완을 마음껏 부릴 수 있을 것으로 생각했다. 그가 첫째 주에 우리에게 제출한 청구서에는 여러 가지 항목들이 일렬로 쭉 적혀 있었는데, 놀랍게도 그 길이가 무려 75센티미터(내가 재어본 바에 의하면)에 달했다.

이 청구서에 따르면 우리 두 사람과 개 한 마리와 고양이 세 마리가 1주일 단위로 아흔일곱 개의 달걀과 11킬로그램의 소고기와 그에 비례하는 다른 것들을 소비했다는 것이다. 그 후 우리는 요리사의 주장을 묵살하고 하루에 드는 비용을 5달러에서 1달러로 줄였다.

제 2 장
서울 묘사

　나는 화사한 여름 저녁에 처음으로 서울 도성 곳곳을 산책했다. 이 시각이면 동서로 뻗어 있는 주요 거리는 항상 사람들로 웅성거린다. 저물어가는 태양이 이 세상에서 가장 아름다운 그림 같은 군중들 위로 차분한 빛을 던진다. 사람들은 아주 옅은 푸른색이나 연한 초록색, 엷은 자주색, 옅은 황색, 혹은 눈처럼 흰 긴 옷을 나부끼며 이리저리 움직였다. 머리에 쓴 검은 모자는 다채롭게 섞인 색깔과 어울리며 중심을 잡아주었다. 굽실거리는 종들은 군중들 틈을 뚫고 소리 높여 외치며 높은 관리들을 태우는 사인교[5]를 메고 지나갔다. 의자의 측면은 타고 있는 사람이 희미하게 보이도록 반투명으로 되어 있어 마치 유리창이 달린 찬장과 비슷해 보였다.

다른 고관들은 말이나 나귀를 타고 지나가는데, 이 관리들은 아름다운 비취색, 즉 관리를 의미하는 색의 옷을 입고 있었다. 말안장 머리에 달린 손잡이를 꽉 움켜잡은 이들의 양 옆에는 등자(鐙子)에 올린 발을 잡은 구종(驅從)들과 자그마한 말을 끄는 또 다른 하인이 따랐다.*

문이 닫힌 가마들, 즉 상류층으로 보이는 부인들이 탄 가마들이 지나갔는데, 종종 따라다니는 작은 소녀 시종들은 가마꾼들의 빠른 발걸음을 따라잡기 위해 뛰어야 했다. 이 어린 하녀들은 노란색이나 녹색의 짧은 윗도리와 아주 풍성한 주홍색 치마를 입었는데, 그 모습이 마치 양귀비 꽃송이가 뒤집힌 모습 같았다. 이 외에도 여성들은 긴 녹색 망토를 덮어 쓴 신비스러운 인물들로 대변된다. 이따금 이들은 주름진 망토 너머로 검은 눈을 들어 호기심이 동한 듯 외국인들을 가만히 쳐다보곤 했다.

또한 이상한 모습의 사람들이 여기저기 눈에 띄는데, 이들은 온통 잿빛 옷차림에 커다란 둥근 모자⁶를 써서 얼굴을 반쯤 가렸고, 얼굴 앞을 망사⁷로 가려 남은 부분마저 완전히 숨겼다. 이들은 상제(喪制)로 한국 사람들이 모인 곳에는 어김없이 보일 만큼 그 수

* 한국에서는 무기력한 것이 귀족 태생의 특권이며, 심지어 귀족 태생의 표시로 여겨진다.

한국의 신랑.

가 많았다. 이 남자는 이런 식으로 3년 동안 돌아가신 부모님을 애도해야 하는 사람이었다. 그들의 옷은 위장하기 위해 특별히 만든 옷 같았는데, 초기 로마 가톨릭 신부들에게나 적합할 것 같은 용도의 옷이었다. 관습에 따르면 상제는 누군가 지나가면서 그를 불러도 대답할 필요가 없었다.

그러나 이상하고 매력적인 군중들 가운데 내 눈에는 소년티가 나는 인물이 가장 매력적이었다. 나중에 나는 이 꼬마가 장차 신랑이 될 사람이라는 것을 알게 되었다. 영어에는 이 작은 베네딕트[8]를 표현할 수 있는 단어가 없지만, 프랑스인들은 아마도 이들을 '귀염둥이(Mignon)'라고, 미국인들은 '깜찍이(cunning)!'라고 불렀을 것이다. 천진난만한 동그란 얼굴에 가르마를 타서 소녀처럼 땋은 머리를 한 한국 소년은 몹시 귀엽다. 그러나 조만간 그는 '결혼한 남자'의 체면을 세우려고 거들먹거리게 될 것이다. 소년은 새로 튼 상투 위에 노란색 모자를 뽐내듯 올려 쓰고, 작은 턱을 치켜들고, 은은한 장밋빛의 외투 자락을 펄럭이며 점잔을 빼고 걸어갈 것이다. 이제부터 그는 전에 즐겨 가지고 놀았던 장난감 대신 부채와 담뱃대를 들 것이고, 옛 학교 친구들과 함께한 놀이들을 하찮게 여길 것이다. 그는 한국의 표현대로 '갓을 쓴' 남자들만의 사회를 즐기게 될 것이다.

한 줄로 길게 들어선 가게들은 이 얼룩덜룩한 군중들과 어울리는 배경이 된다. 이 가게들은 서울의 '동부 거리'[9]를 형성한다. 여기서는 기성복, 돗자리, 체, 부채, 호롱불, 담뱃대와 같은 수백 가지 종류의 물건들을 살 수 있다. 한 가게에 들어가 보면 가게 주인이 책상다리를 하고 바닥에 앉아 느긋하게 파이프 담배를 즐기고 있는 것을 보게 될 것이다. 그는 누가 들어와도 아랑곳하지 않고, 물건을 살펴보는 사람을 상대하려고도 하지 않을 것이다. 한편, 아무것도 사지 않았다고 해도 전혀 짜증내는 기색 없이 나가는 사람을 쳐다보기만 할 것이다!

이른 아침의 동부 거리는 활기찬 장면을 선사한다. 이곳에는 커다란 종[10]이 있는데, 일정한 시각에 종을 울려 경고 신호를 보내면 서울에 사는 모든 남자들은 집 안으로 들어가야 했다. 종루 앞거리에는 활발하게 움직이는 상인들과 손님들로 북적거렸다. 커다랗고 평평한 바구니나 돗자리에는 곡식들이 수북이 쌓여 있고, 사람들은 곡식들을 살펴보거나 만져서 손가락 사이로 흘러내려 본다. 모두들 목청을 높여 한껏 소리치는데, 한국에서는 소리를 지르지 않고는 장사를 할 수가 없다.

거리 조금 위쪽에는 과일 시장이 열린다. 이곳에서는 여름이나 초가을 무렵에 볼만한 광경이 펼쳐진다. 7월에는 바구니에 산호색의 붉은 체리가 수북이 쌓이고, 좀 더 시기가 지나면 황금빛 감과 심홍색의 복숭아가 무더기로 나온다. 피라미드로 쌓은 사과는 쌓아올리는 데 꽤 힘들었을 법한 작은 품종으로, 포도꽃처럼 아주 섬세한 꽃이 핀다.

거리 양측을 따라 짐을 싣는 조랑말들이 일렬로 쭉 서 있다. 서울의 식품 공급은 이 말들에 의해 이루어진다. 이 동물들은 무릎뼈가 부러지고, 다리는 굽었으며, 등은 조잡하게 만든 짐받이 안장으로 인해 가련하게도 피부가 벗겨져 대부분 비참한 모습이다. 이렇듯 한국 사람들도 다른 동양인들과 마찬가지로 동물들의 고통에 무심하다.

동부 거리 바로 맞은편 큰 거리를 따라 군사, 재무, 외무, 교육을 관할하는 관공서들이 즐비하며, 길을 따라가면 북궁[11]에 다다른다. 이 궁은 1895년에 명성황후가 시해된 현장으로 그 뒤 황실에 의해 버려졌다. 이곳에 있는 알현전과 정전[12]은 멋들어진 중국 양식의 건축물이다. 여러 채의 누각 또한 화려하며, 그중에 연못에 섬을 만들어 그 위에 세운 누각[13]도 있다.

마지막 황후가 살았던 별궁은 작은 방들이 벌집 같이 모여 있는 구조로 되어 있다. 각 방은 1제곱미터가 조금 못 되는 정도인데 거실 크기만 놓고 보면 아주 이상적이라고 할 수 있다. 바닥에는 상상할 수 없을 만큼 아주 가는 짚으로 만든 돗자리가 깔려 있고, 벽지에는 섬세한 꽃무늬가 그려져 있다. 어떤 방에는 신화적인 동물 무리들이 묘사되어 있는데, 그들의 기괴한 형상은 모메라디와 재버워크[14]를 떠올리지 않을 수 없게 한다.

현재 신(新)궁[15]에는 황제가 거주한다. 황후 시해 이후에 건립된 곳으로 특별한 이유 때문에 이곳으로 위치가 정해졌다. 즉 이곳에는 모든 외국 공관이 이웃에 밀집해 있어서 그들과 가까이 있다는 것만으로도 황제 전하의 혼란한 마음에 큰 위안이 되었다. 나중에 황제가 신궁의 부속건물에 공관을 두기 위해 인접한 건물들을 사

병조(兵曹) 관사, 서울.

117

들이려 했다는 말이 있는데, 아마도 한국에서 일어나는 여러 가지 불확실한 일들에 대한 왈가왈부에 불과할 것이다.

동문[16] 근처에는 현재 가장 오래된 세 번째 궁궐이 있다. 그 궁궐의 건물들은 소나무와 밤나무 숲 속에 흩어져 있다. 이 궁궐은 선왕의 재임 시기에 버려졌다. 어느 날 선왕이 창밖을 내다보는데, 지붕 근처에서 뱀 한 마리가 떨어지는 것을 보았다고 한다. 이러한 일에 일가견이 있는 사람들은 이 사건을 두고 이 궁궐을 왕실의 거처로 쓰기에는 불길한 징조로 단정했다. 도성 서쪽에 위치한 뽕나무 궁[17]은 현재, 누각[18]만 유일하게 남아 있다. 이곳에서는 종종 한국의 고대 기예인 궁술을 연마한다.

서울을 묘사하는 데 서울의 군인들을 빼놓고는 설명을 다했다고 할 수 없을 것이다. 군인들의 수는 총 7,000명에 달하며, 대부분은 수도 방어를 위해 배치된다. 이들이 가장 돋보일 때는 이른 아침이다. 이때 군인들은 흐뭇한 표정으로 피리와 북을 치며 거리를 행진한다. 1896년 이후 군인들은 일본 제복을 입게 되었고, 여러 외국인 교관들에게 교육을 받았다. 하지만 그들은 아직 전쟁터에 나가 용맹한 기량을 펼쳐 보인 적이 없다. 그리고 고백하건대 나는 그들을 '진짜 군인' 같다고 생각한 적이 정말 단 한 번도 없다. 동물들의 타고난 총명함을 믿는 한 사람으로서, 그들에게서 내가 받은 인상과 관련해 나는 다음과 같은 이야기를 적고자 한다. 나의 인도 조랑말은 영국 장교가 중국에서 들여온 것으로 '최고의 군인 사회'에 꽤 익숙한데, 한국의 군인들만 마주치면 잠시라도 침착하게 있도록 붙잡아 둘 수 없었다. 평소에는 훈련이 잘된 짐승답게 굴었지만, 간혹 몇몇 군인들 때문에 몹시 수치스러웠던지 보병대를 지켜볼 때면 말이 지나치게 흥분해서 무슨 일이 벌어질지 모르는 상황이 되기도 했다!

고풍스러운 서울 도성에는 그곳과 잘 어울리지 않는 몇 가지 현대적인 특징이 있다. 하나는 전화 체계이다. 궁궐과 모든 공관들,

도성수비대.

황제 소속의 정보원들의 거처[19]에 전화가 연결되어 있다! 전기로 불이 밝혀진 거리와 전차는 놀라울 정도로 이례적인 모습이라 할 수 있을 것이다. 전차는 주로 도성 안을 다니고, 도성 밖으로도 상당히 먼 거리까지 다닌다. 전차는 미국 기업이 소유하고 있고, 황제는 최대 주주 중 한 사람이다. 1899년 개통식 직후에는 전차로 인한 폭동이 일어나기도 했다. 당시에는 몇 달 동안 전혀 비가 오지 않았다. 보통 7월이면 비가 집중적으로 내리기 시작할 때인데도 여전히 가뭄이 계속되어 논이 마르고 갈라졌다. 그때 풍수지리론자들은 서울의 땅 밑에 잠들어 있는 큰 용[20]이 분노해 사람들이 이런 고통을 받는 것이라고 선포했다. 그들이 제기한 의문은 이렇다. 끊임없이 외국의 마차들이 똬리를 틀고 있는 용 위로 왔다 갔다 지나다니는데, 어떻게 용이 쉴 수 있겠는가? 결국 이들의 주장에 따라 어느 날 사람들이 선로의 일부를 떼어 내고 전차에 뛰어들어 부쉈으며, 이것을 강압적으로 막아야만 하는 사건이 발생했다.

궁궐 이외에도 서울에는 몇 가지 흥미로운 것들이 있다. 베이징의 천단(天壇)을 모방한 제천단[21]과, 중국 공주의 지참금과 함께 들어온 것으로 추정되는 대단히 아름답고 아담한 대리석 탑[22]이 있다.

한국에서 맥리비 브라운[23]의 업적과 영향력은 유명하다. 내가 서울에 있을 때, 그는 수도를 개선하기 위해 여러 가지 계획을 세

북궁 정자.

있는데, 그중에는 이 고대의 기념비를 주축으로 한 정원을 설계해 거기서 독일인 지휘의 황제 소속 악단이 매일 아름다운 음악을 연주하게 하는 것도 있었다. 또한 서울의 거리들이 더는 임시 가옥과 노점들에 가로막히지 않게 된 것도 그 덕분이다. 전에는 이런 임시 가옥들을 황제의 행차가 있을 때마다 치워야 했다.

또 한 가지 서울의 재밋거리는 앞에서 언급했던 큰 종이다. 아주 먼 옛날 이 종을 주조할 때 녹은 주철이 굳지 않았는데, 그때 쇳물에서 사람의 목소리가 들려와 외아들 한 명을 희생물로 바칠 것을 요구했다고 한다. 외아들을 바칠 신실한 과부를 찾아 그녀의 아이를 큰 가마솥에 던져 넣었다. 그러자 바라던 바가 이루어졌는데, 흔히들 아름다운 종의 음색 속에서 아직도 그 아이의 목소리가 들린다고 한다.

서울 도성의 성벽은 약 24킬로미터에 이르고, 도성 안은 산과 평지로 이루어져 있다. 내가 방문하고 있을 당시 서울의 인구는 약 20만 명에 불과했다.

제 3 장
아침 산책

6월 중순에서 9월 말까지의 무더위 기간에 유일하게 운동을 즐길 수 있는 시간은 이른 아침과 일몰 후이다. 서울 인근 지역에서 가장 마음에 드는 산책길은 '백불(White Buddha)'에서 시작해서 '베이징로'로 되돌아와서 독립문으로 가는 길이다. 이런 상상을 해보자. 우리는 아침 6시, 여름의 고요한 아침 길을 활기차게 출발한다. '고요한 아침의 땅'이 아니라면 정말 어느 곳의 아침이 이렇게 고요할 수 있을까? 도시는 아직 잠에서 깨어나지 않은 것 같다. 몇몇 시골 사람들이 거리에 나와 있는데, 이들은 이른 아침 시장에 내다 팔 먹을거리를 가지고 나왔다. 이제 막 대문을 열고 나온 남자는 벌써 담뱃대를 물고 문간에 웅크리고 앉아 있는데, 그의 무거운 눈에는 아직 졸음이 가시지 않았고, 때 묻은 흰옷은 간밤에 진 구김이 펴지지 않은 채로 지저분하다. 하루 일과에 대한 생각이 아직 그의 흐릿한 머릿속으로 뚫고 들어가지 못하고 있는 것 같다. 이 시간이면 벌써 차이나타운은 콧노래를 흥얼거리는 활기찬 활동 무대가 되어 있을 것이다. 인도의 도시에서도 경건한 힌두교도들이 벌써부터 신전이나 강둑에서 기도에 임하고 있을 시간이다. 서울 토박이 한국 사람만이 정말 유일하게도 이렇게 게으름에 무딘 것 같다!

북궁(경복궁)으로 들어가는 출입구를 지나 성벽 가장자리를 따라가다 보면 가파른 오르막길이 나오고, 길을 내려가다 보면 북문이 나온다. 이 길은 도성 안에 있지만 사실상 산길이다. 오른쪽으로는 '남한(Nam Han)'이라고 불리는 바위 능선이 솟아 있고, 왼쪽으로는 풀이 우거진 시냇가를 따라 개울물이 흐른다. 개울물은 야외 세탁실로 사람들이 자주 드나든다. 오솔길 위로 이슬을 머금은 향기로운 장미 덩굴이 휘감겨 지나가고, 풀밭에는 라일락 빛깔의 작은 아이리스가 흩어져 피어 있으며, 소프로나리아(Sophronaria)[24]의 나비 같이 섬세한 꽃송이들이 꽃차례를 흔들고 있다.

북문을 빠져나와 돌길을 따라가면 비옥한 계곡이 나오고, 이제

산성에서의 서울 전경.

부터는 흐르는 개울물을 따라 오솔길이 나 있다. 우리는 여자 주술사[무당] 집을 지나간다. 그런 존재를 경외하는 신봉자들이 집 앞에 쌓아놓은 돌무더기로 그 집은 눈에 띈다. 조금 더 가다보면 큰 돌이 나오는데, 그 옆면에 수많은 작은 구멍들이 나 있다. 부질없는 욕망을 깨달은 사람만이(그런 사람이 어디에 있을까?) 서둘러 이 돌을 지나칠 것이다. 작은 구멍 속에 넣어둔 자갈이 그 자리에 그대로 남아 있으면, 그 돌이 그것을 넣은 사람의 소원을 들어준다고 사람들은 믿기 때문이다!

그러고 나서 우리는 작은 농가를 한두 채 지나친다. 그때 가만히 서서 지나가는 우리를 쳐다보는 농부들이 어쩌면 그냥 호기심에서 "부인들, 어디 가는 게요?" 하고 물어볼 수도 있다. 계곡에서 벗어나면 지금껏 친구가 되어주었던 개울물[25]이 흘러들어가는 강에 도착하게 된다. 이때 듬성듬성 놓인 돌을 밟고 강을 건너 반대쪽 강둑으로 올라가면 바로 '백불'[26] 앞이다. 외딴 바위 평면에 아주 얇은 저부조로 형상을 새겨 전체에 새하얀색을 칠했다. 어떤 진실한 감성에서 이런 창작의 영감을 떠올렸을까. 이것을 완성한 손은 누구일까. 그리고 저 꿈꾸는 듯 가늘게 뜬 눈은 얼마나 오랜 세월 동안 세상을 내려다보았을까. 아무리 물어도 대답은 돌아오지 않는다.

가던 길로 작은 밭길을 따라가다 보면 논을 지나 오래된 도로에 이르게 된다. 이 길은 매년 사신들이 베이징으로 떠나고, 또 '청나라 황제'[27]가 새로 파견한 사신들의 긴 행렬이 뿌연 먼지를 뒤집어 쓴 채 한국의 수도로 들어오는 길목이다. 마포(서울의 강 나루터)로 연결된 도로 외에 도성으로 들어오는 간선도로 가운데에서 가장 왕래가 잦은 곳이 이 도로이다. 이곳에서는 눈을 부릅뜨고 가마를 타고 가는 '양반'을 볼 수 있다. 그 가마는 주로 중국에서 볼 수 있는 것과 같은 방식으로 운반된다. 두 명의 가마꾼은 의자 앞뒤에 붙어 가마 가까이에 달린 긴 나무 막대기[28]를 잡고 가고,

나머지 두 사람은 각각 짧은 나무 막대기 밑으로 질긴 아마포 띠를 돌려 어깨 한쪽에 걸머지고 간다. 이렇게 되면 맨 앞과 맨 뒤에 있는 가마꾼에게 무게가 더 실리게 되어 이들은 막대기를 멘 어깨를 매번 번갈아가며 바꿔주어야 한다.

이 도로에서는 나무나 건축용 석판을 가득 실은 거친 수레들과 마주치게 되는데, 한 시간에 약 3킬로미터의 속도로 움직이는 황소가 이 수레를 끌고 간다. 또한 관허 행상인(보부상) 무리도 만나게 되는데, 몇몇 행상인이 진 나무상자에서는 깃털을 파닥거리며 체념한 듯한 가금류의 모습이 그물로 된 뚜껑 밑으로 보인다.

서대문, 서울.

이들은 조직화된 상인 조합을 형성한 행상인들이며, 그 조합은 큰 세력으로 독립해 정부에 간섭하지 말라고 선포할 정도이다.

'베이징로'라고 하는 좁은 바위 골짜기를 빠져나와 도로를 걷다 보면 우리는 흉물스럽게 서 있는 독립문에 다다르게 된다. 지난번 전쟁[29] 후 일본인들은 한국을 위해서라며 이 건축물을 세웠다. 이 때 일본은 한국의 예전 통치자들이 중국 사절단을 맞이하던 오래된 문(영은문)을 부숴 없앴는데, 이로써 봉건 영주국으로 군림한 중국의 흔적을 깨끗이 없애버리고자 했다. 이 도로를 따라 인파가 붐비는 서울 근교를 지나면 서소문에 이르게 되고, 이곳에서 러시아, 프랑스, 독일 공관을 지나 신궁[30]의 대한문(대안문)을 빠져나오면 집으로 가는 길이다.

제 4 장
한국의 외교

한국에 들어온 최초의 외국인으로 알려진 사람들은 1627년 서부 해안에서 난파한 네덜란드 선박 홀란드라(Hollandra)의 생존자들이었다. 이들 가운데 얀 벨테브레이(박연)는 오랜 세월 서울에 거주했는데, 그는 일본 궁정에 머문 영국인 빌 애덤스처럼 한국에서 신임이 두터운 지위를 차지했던 것 같다. 1653년, 또 한 척의 네덜란드 선박 스페르웨르(Sparwehr)호가 퀠파트섬[31]의 암석 해변에서 난파했다. 그 배의 선원 서른 명이 무사히 한국 본토에 도착해 한국인들과 어울리면서 몇 사람은 왕의 호위 관리가 되기도 했다. 14년 후 하멜은 자기 나라로 도망갔으며 그가 겪은 이상한 경험을 책으로 썼다.

그 뒤 200년 동안 한국에 들어온 유럽인으로는 프랑스 선교사들이 유일했다. 그리고 그들이 한국을 드나들려고 취했던 여러 가지 방법들은 다른 장에서 설명하겠다.

약 17세기 중엽부터 시작된 한국 정부의 외국인에 대한 척화 정책은 한국을 '은둔의 왕국'[32]으로 알려지게 하는 원인이 되었다. 당시 황제의 부친인 대원군은 이 정책의 충실한 지지자였다. 대원군이 섭정을 하기 6년 전인 1860년, 그는 중국에서 서양 연합군의 침략과 베이징의 여름 별궁[33] 약탈 방화 사건을 목도하게 된다. 이 사건으로 중국 수도(베이징)에는 대사관이 세워지고, 외국과 통상을 할 무역항 몇 곳이 새로 개항했다. 중국에서 일어난 일이 한국에서도 일어날 것이 분명했다. 대원군이 프랑스 신부들을 무서운 외국 앞잡이로 간주해 무자비하게 이들을 박해한 것도 바로 이같은 두려움 때문이었다.

1866년 박해 사건(병인박해)이 있은 뒤 프랑스인 살해 소식이 상하이에 전해지게 되었고, 로즈(Roze) 제독 휘하의 소함대가 한국에 급파되었다. 이 함대는 한강 어귀에 정박해 두 대의 포함을 서울로 진격시켜 사태를 살피고 강을 측량했다. 적이 들어오는 모습, 즉 한국에서는 한 번도 본 적 없던 증기로 움직이는 배들은 섭정자의 마음에 이상한 공포를 일으켰다. 그러나 대원군은 응당 해야 할 사과나 자신이 한 일에 대한 설명을 거부했고, 10월 13일에 제독은 제물포와 서울 중간에 위치한 강화도에 해병대를 상륙시켜 한국군이 방어하던 요새[34]를 진압하려고 했다. 그러나 좁은 산길을 따라 태연히 요새를 향해 진격하던 프랑스군은 갑자기 소나기처럼 퍼붓는 돌과 화살의 공격을 받고 황급히 퇴각할 수밖에 없었다. 이러한 반격을 받은 다음날, 프랑스 함대는 바로 상하이로 돌아갔다!

이렇게 프랑스군이 사태 해결을 포기함으로써 한국인들은 전보다 더 어리석은 자만에 빠지게 되었고, 또한 모든 서양의 나라들에 비해 자국의 우월성을 더욱 확신하게 되었다!

1870년에 미국 측에서 한국과의 통상 관계를 열려는 시도가 있었다. 이 임무를 맡아서 로저스(Rodgers) 제독이 이끄는 소함대가 파견되었다. 함대가 강화도를 지나갈 때 포격을 당하자, 미국인들은 섬에 내려 요새를 파괴한 뒤 즉각 상하이로 돌아갔다.

미국 원정대가 파견되어 미국 민간 무역선을 파괴한 것을 복수하려고 했지만 실패했다. 이 사건에서 한국 사람들은 예상 밖의 용기를 발휘했는데, 한국인의 용기에 대해서는 다른 장에서 이야기할 것이다.

1878년에 한국 최초의 통상조약[35]이 일본과 체결되었고, 그 직후에 비슷한 조약[36]이 마침내 미국과 체결되었으며, 나중에는 영국, 프랑스, 독일과의 조약이 이루어져 지금은 개항장(開港場) 수가 상당히 많아졌다.

제 5 장
역사: 한국의 고대 왕국

한국 역사가들은 한국은 적어도 3,000년의 실록이 있는 나라라고 주장한다. 그들에 따르면 기시[37]는 한국의 문명과 사회 체계의 창시자이다.[38]

기원전 1122년, 기시는 수천 명의 중국인들과 함께 한국으로 건너왔다. 기시는 그가 정착한 곳에 '조선'의 옛 이름[39] 혹은 '조용한 아침의 나라'라는 이름을 사용한 사람으로 그 땅의 통치자가 되었다. 이곳은 랴오허강[40]과 대동강 사이에 위치한 지역으로, 근대 한국 지역 가운데서는 지금의 평양도(평안도)만 유일하게 당시의 경계 내에 포함된다.[41] 이 고조선 왕국이 9세기에 걸쳐 존속하는 동안, 중국에서 새로운 이민자 무리들이 시시때때로 들어와 이곳에

고풍스러운 서울 거리.

정착했다. 기시가 왔을 때 동굴이나 구덩이에서 야생동물처럼 살던 원주민들은 보다 더 우수한 종족에 흡수되었고, 당대 중국 예술과 학문이 그대로 그 작은 왕국에 도입되어 번성했다. 기원전 107년에 비옥한 조선 영토를 호시탐탐 노리던 중국 황제는[42] 몇 차례의 격전 끝에 조선 땅을 정복해 자신의 영토로 만들었다. 관련된 여러 가지 고대 조선의 초기 역사는 이 정도로 해두자.

고구려(Korea)[43] 왕국의 건립

그리스도 기원 여명기에 중국 주변의 부족들은 아직도 씨족공동체에 유목민 상태였으나, 예외로 푸후[44]와 고려[45] 사람들은 유일하게 작은 국가 체제를 이루었다. 이 지역의 지배자는 옛 조선의 영토를 포함한 지역을 다스리며, 독자적인 봉건 영주로서 중국의 승인을 받았다. 고대 중국 작가들에 따르면 그 백성들은 농경, 기마, 그리고 칼을 다루는 기량이 좋은 것으로 묘사된다. 중국 한 왕조의 몰락과 함께 시작된 격동의 시기 동안, 고려의 왕[46]은 용의 제국(수나라)에 대한 복속으로부터 완전히 벗어났다. 그와 후계자들[47]은 점차 대동강 남쪽으로 내려가 영토를 확장했고, 평양을 고려의 수도로 정했다. 6세기 동안 고려는 세 차례나 중국의 대대적인 침략[48]을 막아냈다. 그 뒤 한동안 평화가 유지되었다. 그러나 664년에는 중국의 대군이 이 땅을 휩쓸고 내려와 평양성을 함락했다. 이 나라는 쑥대밭이 되었고, 또다시 중국에 복속되었다.

일본의 전설[49]에 따르면 일본은 기원전 3세기에 최초로 한반도를 침략했는데, 아무래도 신화[50]의 인물일 것 같은 진구(神功)황후가 직접 침략을 지휘했다고 한다. 황후의 한국 남부 지역 정복에 대한 추측을 근거로 일본은 한국 땅에 대한 권리를 주장하곤 한다.

통일한국(삼국통일)

912년에 후고구려의 승려였던 궁예는 중국에 대한 반란의 기치를 높였다. 그는 왕으로 선포되었지만 부하 장군에 의해 죽임을 당했다. 고려의 오랜 권문세가의 자손인 그 장군은 한반도 전체를 정복해 고려(Korea)의 첫 번째 왕이 되었다. 그의 아들 우[51]는 재임 시절 중국의 종주권을 인정했다. 무참한 압제와 실정이 왕(王)[52] 왕조 말기를 특징지었다. 마침내 이태조[53]라는 사람이 백성들의 구원자로 나타났다. 출신 신분이 낮았음에도 불구하고 이 사람은 덕망이 높고 능력이 뛰어나 고려 백성들의 추대로 왕좌에 올랐다. 오랜 통치 과정을 통해 그는 백성들의 선택이 전적으로 옳았음을 입증했다. 그는 유교를 국교로 확립시켰으며, 중국 고전을 국가 시험에 도입해 제도화했다. 한편, 중국의 복식과 관습을 공식적으로 채택했다.

이태조는 지금의 서울인 항양(Hang Yang)[54]을 수도로 정했다. 1592년, 도요토미 히데요시 치하의 일본은 한국을 손에 넣기 위한 빈틈없는 계획을 세웠다. 5월이 되자 고니시(고니시 유키나가)와 가토(가토 기요마사) 장군 휘하의 대군이 부산에 상륙했고, 곧바로 서울을 향해 진격했다. 대군이 지나간 자리에는 폐허가 된 마을만 남았다. 일본군이 수도에 입성했을 때 도성은 텅 비어 있었다. 왕

궁궐 경내에 있는 하인들의 거처.

과 신하들이 대규모 군사를 이끌고 평양으로 피신한 뒤였기 때문
이다. 한국군은 뒤이은 일본군과의 싸움에서 패했다. 침략자들에
게 평양성은 손쉬운 먹잇감이 되었다. 적군은 화승총으로 무장하
기도 했는데, 그 당시 한국에서는 본 적이 없는 무기였다.

　북중국 지역의 혹독한 겨울이 다가오자 일본군은 봄이 될 때까
지 평양에 남아 있기로 결정했다. 그들은 부산에 있는 함대에 명
령을 내려 대동강 어귀로 이동하도록 했다. 이 과정에서 예상치 못
했던 한국군의 반격으로 침략자들의 함대는 전멸되다시피 했다.

　이런 까닭에 보급품 지원이 차단되었고, 중국 지원군[55]의 진격
소식에 일본군은 더더욱 불안해졌다. 1593년 정월 초하룻날 중국

군이 평양에 입성하자 일본군은 서울로 퇴각했으며, 그곳에서 요새를 구축했다. 그러나 한국 전역에 몰아닥친 흉년으로 기근이 들자 양 군의 고통은 극심해졌고 모두 평화를 염원했다. 그리하여 조약이 체결되었다. 약속 조항에 따라 침략자들은 서울에서 철수해 남해안 지역으로 퇴각했으며 몇 곳의 주둔군 요새를 만들었다.

일본은 1597년에 두 번째 침략을 일으켰고 또다시 중국군과 대면했다. 일본군에 함락된 첫 번째 요새가 남원이었다. 일본군은 그 시대의 야만적인 풍습을 따라 살해된 적병의 귀를 잘라 교토로 보냈다. 지금도 교토에는 이총(耳塚)이 있다. 두 번째 침략에서도 일본은 패했다. 이번에는 일본 해군이 한국과 중국 동맹군의 협공에 격퇴되었다. 1598년 9월 19일에 히데요시는 죽으면서 마지막으로 "전 병력을 조선(Chosén)에서 철수하라."는 말을 남겼다.

1876년까지도 일본군이 부산을 점령하고 있었다. 이곳에서 두 나라 간의 교역이 이루어졌다. 한국인들은 토기, 어포, 인삼, 견과류, 과일을 일본의 단검, 군수 장비와 교환했다. 매년 한국에서는 사절단을 파견해 도쿄의 대군(도쿠가와 막부)에게 선물을 전달했다.

1637년에는 중국 정복에 나선 만주족이 한국을 침략해서 임금을 생포했다. 한때는 명 황제에게 충성을 바치기를 거부했던 임금이었지만, 이제 베이징성을 함락[56]시키려는 침략자들의 공격에

한국의 미혼 소년.

가담해야 했다. 이처럼 한국인들은 일찌감치 만주의 권력에 복종했기 때문에 지난 300여 년간 보편화되어왔던 오랜 중국식 두발과 의복 형태를 유지할 수 있었다. 반면, 오랜 싸움에서 패한 중국인들은 어쩔 수 없이 정복자의 체두변발(剃頭辮髮)을 채택할 수밖에 없었다.

그때부터 매년 베이징에 조공이 보내졌고, 서울에 오는 중국 사신은 다른 어떤 나라의 사신들보다 서열이 높았다. 한국 왕조는 중국의 속국이라는 굴레를 근래에 와서야 형식적으로나마 벗어던 질 수 있었으며, 그것도 일본의 부추김에 의한 것이었다.[57]

제 6 장
한국 기독교의 역사

한국에 첫발을 디딘 기독교인은 1592년에 히데요시의 군인들과 함께 들어온 사람들로 알려져 있다. 고니시 장군도 기독교인이었으며, 그의 부하 병사들도 개종한 기독교 신자들이었다. 성 프란시스코 사비에르 신부가 일본에 기독교를 들여왔다. 그렇지만 한국 사람들을 개종시킨 것은 일본 병사들이나 나중에 부산 근교의 일본 진영 병사들을 선교하기 위해 일본에서 온 신부들은 아니었던 것 같다. 한국 사람들에게 기독교 복음이 처음 전해진 것은 다음과 같다.

1777년에 학식이 높은 많은 사람들이 북부 지방의 외딴 산중에 모였다. 그들은 참된 삶과 고결한 삶의 의무를 찾기 위해 그곳에 모였다. 이런 목적으로 그들은 중국 성현들의 저서를 모았다. 그 책들 중에는 연례 사절단 사신들이 베이징에서 들여온 천주교 교리를 다룬 책이 몇 권 있었다. 한국의 긴 겨울 내내 이들은 외딴 산 암자에 머물렀다. 마침내 따뜻한 봄볕이 들고 따사로운 바람이 불어 눈이 녹자 그들은 자신이 선택한 감옥을 떠날 수 있게 되었다. 그들은 기독교의 드높은 진리를 진정으로 확신했다. 이제 그들에게 간절한 것은 신부였다. 베이징의 예수회 주교에게 긴급히 간청했다. 그러나 경계가 삼엄한 한국의 국경선을 통과하기가 어려웠기 때문에 거의 20년의 세월이 지나서야 비로소 중국의 신부가 무사히 한국에 들어왔다. 그러나 이즈음 중국에 간 사신의 아들 승훈(이승훈)이 베이징에서 세례를 받았으므로 많은 동포들을 성당으로 인도할 수 있었다.[58] 잦은 박해에도 불구하고 한국에서의 기독교 신자는 그 수가 급증했으며, 신도 대열에는 상당수의 부자들과 양반들도 끼여 있었다. 1800년에는 천주신앙(기독교를 일컫는 말)에 귀의했던 왕실의 두 공주가 사형 선고를 받았는데, 신분상 비밀리에 사약을 받았다. 1827년에 교황은 한국 선교 감독을 외방선교회(파리 외방선교회)에 위임했다.

샴(태국)의 외방선교회 선교신부로 있던 브뤼기에르[59]는 피폐한 한국 천주교도의 소식을 듣고 그들에게 가기로 결심했다. 그는

1832년에 개종한 중국인 한 명을 동반해 샴을 떠나 마카오에 도착했다. 그는 중국과 타타르 지방을 3년 동안 떠돌다가 한국 국경선을 눈앞에 두고 발각되어 고초를 겪고 죽었는데, 그의 감동적인 이야기는 달레 신부[60]의 『한국 천주교회사(Historie de l'Eglise dans la Corée)』에 기록되어 있다. 그의 뒤를 따랐던 다른 신부들은 성공적으로 한국에 들어갔는데, 때로는 중국에서 국경선을 넘기도 했고, 때로는 어선이나 상업용 정크선[61]을 타고 연안 지역으로 들어갔다. 임금의 칙령과 박해에도 불구하고 포교 활동은 번창했다. 1866년에는 당시 황제의 아버지였던 대원군의 섭정하에 큰 박해 사건이 일어났다. 이때 아홉 명의 신부와 수백 명의 신자들이 처형되어 사라졌다.

그로부터 약 12년 뒤에 현재의 서울 교구 로마 가톨릭 주교가 성공적으로 한국에 입국했다. 그는 몇 년 동안 숨어 지내면서 한국어를 통달한 다음, 프랑스로 돌아가 일군의 신실한 선교사들을 모았다. 이들 신부 중 몇몇은 아직도 한국에서 선교 활동을 하고 있으며, 영광스럽게도 나는 그중 몇 사람을 만난 적이 있다. 현재 한국에 있는 로마 가톨릭 교회 신부의 수는 40명에서 50명에 이르며, 교회 기록에 따르면 신자들의 수는 4만 명에 달한다.

미국 장로교회의 선교는 약 18년 전에 시작되었다. 현재 한국의 항구 지역과 내륙의 큰 도시 거의 모든 곳에 장로교 예배당이 있다.

복음선교협회는 코프[62] 주교를 수장으로 하여 서울, 제물포, 강화도를 기점으로 선교 활동을 펼쳤다. 성공회 수녀들 몇몇은 서울에서 고아원을 열어 한국에서 끊임없이 생기는 굶주린 어린이들을 데려와 돌봐준다.

제 7 장
황제

황제 이희(Li-Hsi)는 지인들로부터 온화하고 친절한 사람이라고 일컬어진다. 그러나 이런 성격이 백성들에게 미치는 영향을 고려한다면, 그는 나태하고 향락을 탐하는 사람으로 치부될 수도 있다. 달레는 1874년에 쓴 글에서 이렇게 적고 있다. "한국인들이 말하기를 임금은 아무것도 보지도 알지도 못해 아무것도 하지 않는다."[63] 황제는 궁정에 우글거리는 탐욕스러운 아첨꾼들과 사대주의자들에게 휘둘렸으며, 그들은 황제의 온갖 변덕을 부추기는 데 일조했다. 그는 어린 시절부터 아첨하고 복종하는 사람들에 둘러싸여 있었을 것이고, 틀림없이 그의 인격에 영향을 줄 만한 훌륭하고 덕망 있는 사람이 주변에 없었을 것이다. 더욱이 그가 직위에

교구청 툇마루, 서울.

대한 책임보다는 자기 자신의 안위를 우선한다는 점을 기억한다
면, 그가 자신의 나라를 마지막 한 방울까지 쥐어짤 거대한 오렌
지로 간주했다고 보아도 전혀 놀랄 만한 일이 아니다.

한국에서 임금의 몸은 신성하다. 임금의 얼굴은 그 나라의 동전
에 새겨 넣지 못한다. 돈은 이 사람 저 사람의 손을 타고, 결국 쓸
모가 없어지기도 하며, 그렇게 되면 황제 폐하의 초상에 대한 모독
이 되기 때문이다.

황제는 궁의 경내를 거의 떠나지 않지만, 종교 예식이나 제를
올릴 목적으로 성장(盛裝)을 갖추고 행차하는 경우는 예외적인 일
이다. 대체로 그는 잠으로 한나절을 보내고, 밤이면 대신들이나 고

문관들과 논의를 하거나 기생들의 공연을 보며 즐긴다.

1866년에 이희는 여섯 살 어린아이였는데, 왕위를 이을 적손이 없었으므로 당시의 태후[64]에게 공식적으로 입적되었다. 이 근엄한 왕비는 선왕이 승하하자 당장 국새를 차지했다. 그리고 스스로 왕실의 섭정 자리에 올랐다. 그녀는 즉각적인 후속 조치로 이희의 아버지를 보좌관으로 발탁했다. 관직 명칭인 대원군으로 알려진 이 사람은 머지않아 그의 야심을 드러냈다. 그는 정의나 자비심에 구애받지 않는 인물이었다. 그는 한국인들에게 '돌 같은 심장에 무쇠 같은 창자를 지닌 사람'으로 알려져 있었다. 때가 되어 국왕 이희는 성년이 되었으며, 권문세가 민 씨의 딸과 혼례를 올렸다. 공교롭게도 그녀는 남다른 지성과 강한 의지력을 겸비한 여성이었다. 그녀만 없었어도 성년을 넘긴 순종적인 아들에 대한 대원군의 영향력은 여전히 컸을 것이다. 이 사실을 깨닫자 대원군은 그녀를 증오하며 적대시했다. 한두 차례 왕비의 암살 계획이 수포로 돌아가자 자애로운 시아버지는 기발한 책략을 꾸몄는데 계획은 결국 성공했다. 1895년 가을 이른 아침에 사주(使嗾)를 받은 무법자 무리가 서울의 궁궐로 들이닥쳤다. 그들은 곧 부녀자들의 처소를 덮쳤다. 이들이 나타나자 궁궐은 경악을 금치 못할 혼란에 빠졌다. 폭도들 가운데 왕후의 모습을 알고 있는 자는 없었다. 그러나 들리

대원군 묘.

는 말에 의하면 어느 노 대신[65]이 궁궐 여인들의 외침을 듣고 달려
와 왕후 앞을 가로막았는데, 이 행동이 결국 왕후의 신분을 드러
나게 했다고 한다. 잠시 뒤 모든 것이 분명해졌다. 땅에 쓰러진 왕
후는 피투성이였다.

그러나 심약한 태자에 대한 왕후의 사랑은 죽음 앞에서도 강렬
했다. 그녀는 마지막으로 쇠잔해 가는 힘을 다해 땅바닥에서 머리
를 들어올렸다. 그러고는 "태자는 어찌 되었소?" 하고 곁에 있던
충실한 내관에게 물었다. 왕후의 움직임을 즉각 알아챈 시해자들
이 달려들어 순식간에 끔찍한 일을 해치웠다. 이렇게 한국의 마지
막 왕후는 서른의 나이에 사라졌는데, 이보다 여건이 좋았다면 억

압받는 백성을 진정으로 이롭게 할 여성이었을 것이다. 이 사건 직후, 대원군도 승하했다. 임금은 딱하게도 배우자의 비극적인 죽음을 겪은 뒤 한동안 신경과민 상태였다. 밤마다 임금의 간청으로 몇 명의 외국인들이 궁내에 머물렀으며, 이제 이들은 임금에게 공포와 두려움을 막는 담장이 되었다. 어느 날 임금은 궁궐 여인들이 타는 가마에 몰래 실려 비밀리에 러시아 공관으로 옮겨졌다. 임금은 이곳에서 석 달 동안[66] 머물렀다. 그 뒤 고관대작들의 압력으로 임금은 또다시 자신의 병사들의 손에 옥체를 맡겨야 했다.

이 일이 있은 직후 이희는 러시아 측 권고에 따라 스스로 한국 최초의 황제임을 선포했다.

제 8 장
황제 알현

    1901년 가을, 황제 알현 초대를 받은 나는 기쁘고 마음이 설렜다. 서울에 사는 다른 몇 사람의 외국 여성들도 같은 영광을 누리게 되었다. 우리는 약속된 날 오후 4시에 궁궐의 내실에 모였다. 그 방은 가구 스타일이 영국 거실을 모방한 것으로 밖에서는 볼 수가 없었다. 그곳에서 우리는 다소 떨리는 마음으로 기다렸는데, 반드시 예복을 착용해야 한다는 전달을 받았기 때문이었다. 궁궐의 고관이 다가와 "황제 폐하께서 기다리십니다."라고 말하며 우리를 안내했다. 미로 같은 통로를 빠져나와 안마당을 한두 개 지나서 마침내 황제의 어전에 당도했다. 동양의 왕실하면 당연히 연상되는, 황제 폐하가 번쩍번쩍 빛나는 화려한 것들에 둘러싸여 왕좌에 앉아 있는 모습을 보게 될 것으로 기대했다면 실망할 수밖에 없었을 것이다. 방 한쪽 모퉁이에 작은 테이블이 있었고, 그 뒤에 한 사람이 서 있었는데, 우리는 그가 황제라는 것을 알 수 있었다. 황제는 한국의 평범한 신사 같은 차림을 하고 있었다.

황제 옆에 황태자가 서 있었고, 둘 사이에 황귀비 엄 씨가 낳은 다섯 살 난 막내아들이 있었다. 나는 맨 앞의 여인이 예를 올리며 황제를 알현하는 모습을 지켜보고 처음에는 놀랍기 그지없었다. 굉장히 하기 힘든 일처럼 보였다! 그러나 다른 다섯 사람이 성공적으로 예를 올리는 것을 지켜보았으므로 내 차례가 되었을 때, 나는 비교적 자신 있게 앞으로 나설 수 있었다. 외국인들은 황제와 악수를 하고 난 다음, 팔꿈치를 높이 들어서 황제와의 사이에 가로놓인 테이블에 부딪히지 않도록 궁중 예법에 따라 절을 하면 되었다. 왕세자와 어린 왕자에게도 비슷한 예절을 갖추어 올렸다. 어린 왕자는 작은 손이 간신히 테이블 가장자리에 닿았다. 그러고 난 다음, 불어와 영어를 하는 통역관들을 통해 의례적인 문안과 감사의 인사를 나누었다. 우리는 저녁 식사 후에 황제가 연회를 베풀 것이라는 전갈을 받았다. 통역관이 구어체로 표현한 바에 따르면 황제는 "유쾌하게 즐기기를 바란다."고 전했다. 우리는 연회를 보기 위해 이웃한 정자로 가서 자리에 앉았다. 연회는 황제를 위한 궁중 기생단의 춤 공연이 될 것이다.

이윽고 긴 분홍치마에 속이 비치는 푸른색 저고리를 입고 머리에는 꽃을 꽂은 테르프시코레[67]의 어린 숭배자들이 등장했다.

첫 번째 춤[68]에서 무용수들은 손에 긴 장대를 들고 현악대의 선율에 따라 정확한 리듬으로 춤을 추며 앞으로 나왔다가 뒤로 물러나 한데 어울렸다가 다시 흩어졌다. 그 다음 약 3미터 높이의 막[69]을 하나 들여놓았다. 소녀들은 두 사람을 동시에 앞으로 내보내고, 그 뒤로 양편으로 나누어 서서 음악에 맞추어 몸을 살랑살랑 흔들며 춤을 추었다. 두 소녀는 각각 막 위쪽에 난 둥근 구멍[70]을 향해 붉은색의 작은 공[71]을 던져 공이 구멍을 빠져 나오도록 하는 것이 목표였다. 성공한 사람은 상으로 꽃을 받아 머리에 꽂았으며, 성공하지 못한 사람에게는 오른쪽 뺨에 검은 얼룩 반점을 붙이고, 동료들은 한바탕 폭소를 터뜨린다. 그 다음으로 한국 무용의 걸작을 선보였다. 학무(鶴舞)라는 춤으로 긴 소매가 너울거리는 반짝이는 노란색 의상을 입은 무용수가 혼자 춤을 추었다. 무용수가 한 자리에 머물러 서서 대단히 매혹적인 몸동작을 연속해서 펼쳐 보이는 춤이었다. 이 춤을 마지막으로 연회는 끝났다. 그런 다음 우리를 불러 준비된 식사를 대접했다. 평범한 영국식 식사가 준비되어 있었다. 대신들과 통역관 몇 사람과 함께 식사를 했는데, 이들

한국 황제.

은 외국 요리에 대해서 일가견이 있었다. 우리가 식탁에서 일어나
려고 하자 대신 한 명이 어느 부인에게 기념품으로 주려는 듯 테
이블 장식으로 사용된 조화 몇 송이를 집어 들었다. 그때 방 저 아
래쪽 끝에 있는 막 뒤에서 누군가 불쑥 머리를 내밀고는 거칠고

큰 목소리로 외쳤다. "그대로 놓아두시옵소서(Laissez-donc, sil vous plait)." 그것은 어느 부인의 목소리였는데, 그녀는 전에 러시아 공관에서 거주했던 인물[72]이었다. 지금은 궁궐에서 베푸는 외국인 연회를 감독하는 것이 이 부인의 임무이다. 궁을 떠나기 전에 우리는 각자 한국 사람이 만든 아름다운 조화를 선물로 받았다.

제 9 장
한국인

한국 사람들은 몽골족에 속하지만 외모는 이웃하는 중국 사람이나 일본 사람과 뚜렷이 구별된다. 대체적으로 남자들은 키가 크며 몸가짐이 바르다. 얼굴은 갸름하고 올리브빛의 피부색을 하고 있다. 간혹 젊은이들 가운데는 혈색이 불그스레하고 머리숱이 많고 짙은 사람도 있다. 어떤 인류학자들은 아리아인과의 혼혈 가능성을 추정하는데, 특히 상류 계층에서 볼 수 있는 유럽인의 얼굴 모습이 이런 생각을 뒷받침해준다.

국민성으로 말하자면 한국 사람들은 게으르고 성급하며 앞으로의 일에 대해 해이한* 경향이 있다. 달레 신부는 여러 해를 이들과 함께 지낸 사람으로 이렇게 적고 있다. "한국 사람들은 천성적으로 놀기 좋아하고, 시도 때도 없이 수다를 떤다."[73] 그러나 그는 이웃에 대한 한국 사람들의 후덕함과 관대함에 대해서도 증언하고 있다. "한국인의 큰 미덕은 우애를 존중한다는 것이다."[74] 그들은 이웃에 큰 불행이나 중요한 경조사가 있으면 그들을 돕는 것을 당연지사로 여긴다. 그들의 선천적인 자비심은 그럭저럭 살아가고 있는 한국의 수많은 거지들의 수로 입증된다.

그들은 격분하면 감정이 굉장히 격해지며, 홧김에 자살하는 일이 흔히 일어난다. 과거에는 조상 대대로 가문 간의 원수지간이 많았다. 그래서 흔히 아들이 아버지로부터 두루마기를 물려받으면 가문의 명예를 걸고 원수를 갚기 전에는 외투를 벗어서는 안 되었다. 옛 시절에는 어떠했든 현재의 한국 민족을 용감한 민족이라고 말할 수는 없다. 1871년, 강화 요새에서 불굴의 용기로 싸워 미국인들을 궁지에 몰리게 한 적이 있기는 하다. 당시 한국군은 조잡한 무기마저 빼앗겨 곤경에 처하자 돌과 흙을 던지며 싸웠고, 많은 병사들이 꿋꿋이 버티어 그들의 진영을 지켰다.

---

* 한국인들은 미래에 관해서만 무관심한 것이 아니다. 충분히 위험하다고 인식되는 상황에도 그들은 통상적인 주의조차 게을리한다. 그래서 호랑이가 많은 지역인데도 사람들은 항상 대문을 열어두고 잠을 잔다. 이처럼 위험에 무관심한 태도를 보여주는 재미있는 예가 있다. 최근의 일화로 한국인 두 사람은 잠을 자려고 누웠는데, 서울의 전차 선로 위였다. 그것도 선로를 베개 삼아 머리에 베고 있었다고 한다!

한국의 기혼 남성.

　일부 좋은 가문의 여인들과, 잘생긴 용모로 선발된 몇몇 무희들 혹은 기생들 외에 여성들의 모습은 후줄근하다. 대부분 일이 고단해서일 것이다. 한국의 남성이 게으르다면 그들의 아내는 근면의 진정한 본보기이다. 그녀들은 하루 종일 집 안이나 들판에서 노동을 하며, 밤늦도록 앉아 흰색의 긴 두루마기(외투)를 빨거나 손질한다. 점잖은 가장이라면 두루마기 없이 외출할 수 없을 것이다. 조금이라도 시간이 나면 다른 부인들과 모임을 갖는다. 한국에서는 가정생활이라는 것이 전혀 없기 때문이다. 결혼은 자식 대신 부모에 의해 정해지며, 신부와 신랑이 결혼식을 올리기 전에 서로의 얼굴을 마주하는 경우가 매우 드물다. 한국에서의 평범한 결혼 생활은 우리처럼 전혀 다른 생각과 풍습을 가진 사람들이 상상하는 것보다 더 행복할지도 모른다. 그러나 남편이 아내에게 설사 애정을 느낀다고 해도 그것을 표현하는 것은 예의가 아닌 듯하다. 남편이 노골적으로 아내의 죽음을 슬퍼한다면 친구들의 조롱거리가 될 수도 있다. 혼인은 대개 열둘에서 열다섯의 나이에 한다. 혼인하면 소년은 곧 남성의 온갖 위세와 거드름을 체득한다. 머리에는 상투를 틀어 올려 신분을 나타내고, 난생 처음 갓을 쓸 자격을 얻는다. 그는 아명(兒名)[75]을 버리고 새로 지은 이름으로 불린다. 불행하게도 가난해서 결혼을 할 수 없는 사람들은 평생 사회적으로 어린아이에 머물러 있게 된다. 그들은 남자들의 모임과 회의에서 명실상부한 역할을 할 수 없으며, 어쩔 수 없이 열두 살짜리 토실토실한 어린 신랑에게 양보해야 한다. 이렇게 무시를 당하는 총각들에게도 작은 특권이 하나 있는데, 간혹 이 권리가 아주 편리할 때도 있다. 즉 법의 잣대로 볼 때 그들은 동료들의 생각과 마찬가지로 단지 어린아이에 불과하다. 그런 만큼 이들은 항상 대단히 관대한 처분을 받는다. 여자들의 경우에는 불쌍하게도 언제나 하찮은 존재들이다. 여자들은 자기 이름도 못 가진다! 소녀들은 일가친척에게 애칭으로 통하는데, 흔히 꽃 이름으로 불린다. 그렇지만 그

혼례복 차림의 소년.

녀는 혼례를 올리는 순간, 이 애칭마저 잃게 되어 그 후부터는 '아무개의 아내'로 통한다. 남편은 아내에게 할 말이 있다는 것을 나타내려고 할 때 글자 뜻 그대로 "이봐!"라는 말을 앞에 붙임으로써 그 의미를 전달한다.

과부들이 재혼을 하는 경우가 가끔 있기는 하지만, 그런 행실은 존경을 받지 못한다. 남편이 죽으면 스스로 목숨을 끊는 여자가 부부 정절의 본보기로 존경을 받는다.

여름 한복을 입은 어린 소녀.

한국의 여인들은 비록 법적 실체는 아니지만 어느 정도의 특권
은 누린다. 이를테면 여자들은 궁궐의 대문을 지날 때 가마를 타
고 가도 되지만, 남자들은 가마에서 내려 걸어가야만 한다.

그리고 6년 전까지만 해도 지금은 완전히 폐지된 이상한 관습
이 있었는데, 해질 무렵부터 새벽 1시까지 서울의 거리는 여자들
차지였다. 해가 저물어 큰 종(보신각종)이 울리면 모든 남자들은
서둘러 귀가했다. 이 신호를 어기면 매우 가혹한 형벌에 처해지기

때문이다. 이때 지체 높은 집안의 여인들은 몰래 은둔의 생활에서 빠져나왔다. 그들은 어렸을 때부터 집안의 남자들 외에는 다른 어떤 남자도 본 적이 없는 여인들이다. 등불을 든 하녀의 시중을 받으며 여인들은 거리를 지나 친구나 친척들을 방문했다. 한낮에는 그들에게 허락되지 않는 자유를 얼마나 마음껏 즐겼을까 짐작할 수 있을 것이다!

한국인들은 자식을 아끼고 사랑한다. 그래서 한국에는 거친 자연 환경 속에 그대로 두어 여자 아이를 없애는 중국의 관습을 찾아 볼 수 없다. 물론 아들을 원하는 정도가 더 심하기는 한데, 아들이 없는 사람은 입양을 하기도 한다. 이것은 그가 죽은 다음에 합당하게 제사를 받기 위해서다.

한국의 인구 증가율은 비교적 느리다. 이것은 유아 사망이 대단히 많기 때문이다. 그것은 천연두라는 가혹한 질병으로 인한 것인데, 아버지가 자식 수를 말할 때 천연두를 무사히 이겨낸 자식들만 셈할 정도로 사람들이 무서워한다.*

한국에는 맹인의 수가 아주 많으며, 자신 있게 길거리에 나와

---

* 달레 신부는 전체 한국인 가운데 이 질병에 걸리지 않은 사람이 100명도 채 못 될 것이라고 말한다.

다니는 맹인 또한 많다. 나는 맹인과 심하게 부딪힐 뻔했던 적이 있었기에 보행자로서의 그의 괴로움을 잠시나마 이해할 수 있었지만, 그의 걸음걸이나 거동에서는 눈이 보이지 않는 사람의 티가 거의 나지 않았다.

판수[76] 혹은 점쟁이라는 직업은 맹인들만의 천직이다. 그는 점을 치거나 혼례나 장례식의 길일과 명당자리를 정하는 일을 한다. 한국 사람들은 천성적으로 시끄러운 민족이며, 무리들 가운데서 말소리를 높이는 것을 최대한의 예의라고 생각한다. 소년들은 공부할 때 큰소리로 내용을 외치면서 익힌다. 어른이 되면 음성 기관이 아주 강해지게 되는데, 아마 부분적으로는 어린 시절의 이런 습관이 그 원인일 것이다.

한국인은 운동에 뛰어난 소질은 없다. 사냥꾼을 천한 직업으로 생각하므로 생계 수단 외에 사냥을 하는 일은 절대 없다. 사냥꾼들은 대개 모피, 깃털, 혹은 나뭇잎으로 위장한 채 몰래 다가가서 쫓고 있는 새나 동물들의 소리를 흉내 내어 사냥감을 유인한다. 몇몇 호랑이 사냥꾼들은 용감무쌍함을 과시한다. 한 사냥꾼은 낡은 부싯돌 한 개를 무기로 혼자 사냥을 다닌다. 대개 그는 어떻게 해서든 호랑이를 굴이나 좁은 모퉁이 같은 곳으로 몰아넣은 다음 공격을 한다. 좋은 호랑이 가죽은 대단히 귀한 물건으로 평가되며,

호랑이의 이빨, 발톱, 피는 귀한 약재로 간주된다. 남자들은 용감해지려고 그 심장을 먹기도 한다.

한국인에게 나이는 그 자체로도 대단히 명예롭고 존경받을 수 있는 것이다. 바깥주인이나 안주인, 혹은 손님의 나이를 묻는 것은 예의에 맞다. 따라서 그런 질문을 받은 외국 여성이 스스로의 나이를 낮추어 말하는 인상을 주는 경우, 그녀의 입장에서는 겸손에서 비롯된 것이겠지만, 나이에 합당한 대우를 받고 싶은 생각이 없는 것으로 여겨진다.

환갑에 이른 사람은 특별히 공경을 받을 만하다고 여겨지며, 이렇게 하늘의 뜻을 헤아리는 사람[77]에게는 삶의 적극적인 역할을 하지 않고, 삶을 반성하고 반추하는 데 온 힘을 쏟는 것으로 여생을 보낼 수 있는 자격이 주어진다.

한국인은 식욕이 왕성하고 소화력도 대단한데, 사실 그럴 수밖에 없다. 모든 어머니들이 자녀의 식사량을 늘리려는 경향이 있기 때문이다. 일본인들도 제법 대식가인데, 한국인 한 명의 식사량이 태양이 뜨는 나라[78] 사람 두 명의 분량과 같다고 말한다! 한국인은 가리는 것이 없다. 고기, 생선(날것이나 익힌 것), 가금류, 곡식, 야채, 과일, 무엇이든 대환영이다. 어떤 사람들은 유달리 개고기를 좋아하는데, 그렇게 맛이 좋다고 볼 수는 없다! 차는 좀처럼 찾아

도성의 귀부인들.

볼 수 없고, 쌀이나 다른 곡식으로 증류하거나 양조한 독한 술이 있다. 과음은 전혀 수치스러운 일이 아니다. 샌터의 탬[79]처럼 유쾌할 수 있는 사람은 선망의 대상이다.

식사는 낮은 상에 차리고 가족은 바닥에 쪼그려 앉는다. 그리고 나무 숟가락과 젓가락을 사용한다. 어떤 영국인이 있는데 그는 중국, 일본, 한국 요리의 진가를 비교·평가할 자격이 있는 사람이다. 그런 그가 주저하지 않고 마지막 세 번째 요리에 승점을 주겠다고 했다. 한국 사람들의 흔한 오락거리로는 체스와 체커 비슷한 몇몇 게임이 있다. 여유가 있는 사람들이 즐기는 최고의 오락은 기생의 춤이다. 본격적인 극장은 없고, 드라마로는 한 작품에 나오는 모든 인물의 역할을 한 명의 배우가 연기하는 것이 유일한 형식이다. 대부분의 동양 화음과 같이 한국인의 협주곡은 우리 귀에는 불협화음으로 들린다. 그러나 가끔 외딴 산 중턱에서 부는 피리 가락은 문득 누군가에게 달콤하고 구슬픈 선율을 들려준다.

나라의 공식 언어는 한자다. 모든 관학(官學)에서 한자를 가르치고, 공인 시험도 한자로 시행된다. 한글에는 열한 개의 모음과 열네 개의 자음으로 이루어진 기본 음절표가 있다. 이 기본 음절표가 산스크리트의 자모와 유사하다는 점으로 볼 때, 14세기의 불교 승려들에 의해 한국에 소개되었을 것으로 추정된다.

한국인들은 중국인과 달리 낯선 사람에 대한 천성적인 거부감을 가지고 있지는 않다. 그러므로 이 나라에서의 외국인 배척은 전적으로 정부의 정책 때문이다.

제 10 장
복장

한복의 두드러진 특징은 아래쪽으로 넓게 퍼지는 모양이다. 그래서 먼저 이등변 삼각형을 스케치하기만 해도 한국 사람의 그림이 간단하게 완성된다! 이렇게 보면 한복은 형태상 뭔가 부족한 부분이 있는 것으로 짐작될 수 있다. 그럼에도 불구하고 양반, 즉 한국 신사의 의상에는 돋보이는 매력이 있다. 여름에는 흰 면 소재의 평범한 윗도리와 바지에 항라 소재의 덧옷 몇 가지를 입는다. 대단히 고운 빛깔의 덧옷이 있는데, 엷은 초록색 위에 밝은 청색을 겹쳐 입거나, 산호색 위에 담황색이 겹쳐진 빛깔은 단연 보기가 좋다. 옷에 달린 조그마한 장식들, 허리에 옷을 고정시키는 비단실, 옷을 여미는 호박단추, 호박과 산호로 장식한 갓끈, 예쁘게 수

놓은 당혜[80] 등 이런 장신구들은 의상에 색다른 개성을 더해준다. 겨울옷은 형태는 비슷하지만 주로 짙은 청록색이나 자주색과 같은 짙은 색 위주이고, 외투와 덧옷에는 전체적으로 솜을 넣어 누빈다. 중국인처럼 한국인도 옷을 잔뜩 껴입기를 좋아한다. 날씨가 차츰 추워질수록 사람들은 입고 있는 옷에다가 외투를 하나씩 더 겹쳐 입기만 한다. 그래서 한겨울쯤 되면 사람들은 두루뭉술하게 비단이나 면을 칭칭 감은 모습이 된다. 외투와 두건에 곰, 담비, 족제비 가죽으로 가장자리를 덧댄 옷은 여건이 되는 사람들만 입는다. 관리들은 옥색의 관복을 입고 화려한 보석 장식의 가죽 벨트를 착용한다. 김규해 씨(Mr. Kim Kiu Hai)의 초상화에서 이런 고위 관리들의 예복을 볼 수 있다.

이보다 낮은 계층에 속하는 두 부류의 사람들은 대체로 흰옷을 입는다. 하인들은 짧은 저고리와 바지만으로 족하며, 농부와 상인들은 육체노동을 할 때를 제외하고는 반드시 흰색의 긴 도포를 갖추어 입는 것이 예의다. 도포는 조각조각 뜯어서 세탁해야 하며, 나중에 솔기를 꿰매는 것이 아니라 풀로 이어 붙인다. 자세히 보면 도포에서 은은한 광택이 나는데, 그것은 옷을 펴서 나무토막을 굴리고 방망이로 두들겨 생긴 것이다. 고요한 저녁이면 방망이 두드리는 소리가 서울 도성 곳곳에서 뚜렷이 들린다.

도성에서 일하는 여인.

한복에는 주머니가 달려 있지 않아서 사람들은 허리에 작은 비단 주머니를 길게 매달아 달고 다닌다. 남자들은 담뱃대를 등 뒤에 대통이 보이도록 꽂아두고서 사용한다. 둥그런 수정(돌) 안경이나 색 안경을 착용하면 어르신들의 의상은 완성된다. 모직 소재의 옷은 아직 한국에는 없다. 서울 근교에서 황실 소유의 양 떼를 볼 수 있는데, 제물(祭物)용으로 키우는 양들이다.

여자들이 일할 때 입는 옷은 어울리지도 않을 뿐더러 편하지도 않다. 윗옷으로는 면이나 마 소재의 짧은 윗도리 한두 겹을 입고, 통 넓은 바지 위에 몇 폭의 천으로 만든 치마 두세 가지를 둘러 입는데, 치마끈은 왼팔 밑에서 묶는다. 여자들은 집을 나설 때 긴 장옷을 써서 몸을 가리며, 아주 가난한 집 여자들은 그냥 다니기도 한다. 서울에서는 대개 초록색의 비단 소재 망토를 걸친다. 실제로 이것은 소매 달린 외투 모양의 옷으로, 소매를 축 늘어뜨린 채 머리에 덮어 쓴다. 귀부인의 한복은 비단이나 항라 소재를 쓰거나, 땅에 닿아 접힐 정도로 치마 길이를 길게 한다는 점에서 가난한 여성들의 옷과는 다르다. 주렁주렁 보석으로 치장하지는 않으나 산호나 진주 목걸이를 주된 장신구로 착용한다. 한때 한국은 진주 산지로 꽤 유명했었다.

솜을 댄 흰 면양말은 남녀 모두가 착용한다. 부유한 사람들은 당혜를 신고, 일반용으로는 짚을 꼬아 만든 신발이 있다. 가지고 있는 신발의 수로 장거리 여행을 하는 사람인지 알아 볼 수 있는데, 약 32킬로미터쯤 걸으면 신발이 닳아서 구멍이 나기 때문이다.

한국은 갓으로 유명하다. 신랑, 기혼 남성, 상제, 승려, 행상인, 소몰이꾼, 가마꾼, 전령 갓이 있다. 이들 중 앞의 갓 여섯 가지는 말총이나 대나무, 혹은 짚으로 엮어 만들고, 나머지 두 가지는 올

기혼 여성.
구식 군인의 관모.

겨울 모자를 쓴 여인.
궁궐에서 쓰는 머리 장식.

굵은 펠트로 만든다. 구식 군졸용 갓[전립]은 후자의 재료로 만
든 것이다. 좋은 갓은 20엔(일본), 즉 2파운드 5실링 정도로 굉장
히 비싸다. 달레 신부에 따르면 한때 둘레가 60센티미터인 갓도
있었다고 한다. 신랑의 갓[초립]은 볏짚으로 만들고 상제나 상인
의 갓[81]은 빛바랜 풀로 만든다. 이외에도 날개가 달린 신기한 검은
관(冠)은 궁정에서 사용하며, 학생들이 쓰는 관도 있다. 둘 다 말

총으로 만들어진다. 말총 재질의 머리띠로 이마와 머리를 감은 뒤 갓이나 모자를 쓴다. 상제와 승려, 소몰이꾼의 갓에는 짚으로 엮어 만든 차양이 달려 있고 관자놀이에 맞춰 쓴다.

한국은 지리적으로 중국과 일본 사이에 있음에도 불구하고 특이하게 우산이 없다. 비가 올 때 남자들은 형편이 되면 기름종이로 된 외투와 모자를 쓰고 다니며, 진흙에 빠지지 않도록 굽이 높은 나막신을 신는다. 여자들은 대나무로 만든 뼈대에 그 귀하다는 기름종이를 발라 머리에 쓴다!

제 11 장
사회 계층

　사회 계층은 네 가지로 구분이 되는데, 다음과 같다. 즉 왕족, 양반, 농부, 상인과 장인이다.[82]

　지금의 왕족은 1368년 조선 왕조를 세웠던 이태조로부터 세습 되었지만 직계 자손은 아니다. 황제는 절대군주로 백성들에 대해 무소불위의 권력을 가진다. 그러나 대개 개국공신들의 자손들로 특별 대우를 받을 자격이 있다고 생각하는 양반들이 황제의 행동 에 커다란 영향을 끼친다. 대부분의 고위 관직은 귀족 신분의 사 람들 차지이다. 한국에서는 중국의 방식에 따라 관리 시험을 통과 한 지원자들에게 자리를 주는 것이 원칙이지만 실제로는 변칙 적 용되는 경우가 많은데, 다음 두 가지 이유 때문이다. 즉 양반이 부족하다는 점과, 국가 관리는 양반집 자손들에게만 기회가 열려 있다는 사실이다. 한국 정관계(政官界)에서 정신없이 벌어지고 있는 변화들을 객관적인 입장의 제3자가 보노라면 우스꽝스러운 코믹 오페라의 장면들이 떠오른다. 가령 고관대작이 범죄나 음모로 먼 곳에 유배되어 다시는 황제를 볼 수 없는 처지로 여생을 보내기도 한다. 그러나 한편으로는 삭탈관직(削奪官職)이 되어 어전에서 내쫓긴 유배자라도 3주 후에 전보다 더 높은 관직에 올라 명예롭게 입궐할지도 모른다! 아마도 관직의 신분 보장이 이렇게 불확실한 탓에 사람들은 권력이 있을 때 많은 재물을 모아야 하는 것을 당연지사로 여기는 듯하다. 이로 인해 개탄스러운 일이 생긴다. 고위 관리들은 직속 부하들에게서 돈을 뜯고, 그 부하들은 그의 부하들이나 약자들에게 똑같이 뜯고, 계속 내려오면 불쌍한 머슴은 얼마 되지도 않는 품삯마저 갈취당해 어디에 하소연조차 할 길이 없다. 머슴에게는 돈을 뜯어낼 아랫사람이 없기 때문이다.

이런 체제에서는 일하는 사람들이 근면, 성실에 대한 보상을 거의 받을 수 없다. '동료들보다 돈을 더 벌기 위해 일을 해봐야 결국 그만큼 더 약탈당하기만 할 텐데 왜 그래야 하나?'라는 이유 때문이다.

한국 농부들은 투박한 나무 쟁기를 쓰는데 동양 곳곳에서도

짐을 운반하는 지게를 진 머슴.

이 기구가 쓰인다. 등에는 쟁기를 지고 소를 앞세워 몰면서 논으로 나가는 사람이 농부일 것이다. 한국에서 재배하는 작물에는 쌀 이외에도 기장, 호밀, 콩이 있다. 호박을 널리 재배하고, 고추는 씨와 함께 양념으로서 진가를 발휘한다. 한국의 주요 농작물로는 목화가 있으며, 대부분의 농가 텃밭에서 재배되는 모시풀에서 뽑은 섬유로 모시가 만들어진다.

한국 사회의 네 번째 계층에는 모든 종류의 상인과 장인이 속해 있으며, 이외에도 소위 천한 직업, 즉 사공, 백정, 파발꾼, 승려, 무당 같은 사람들이 포함된다. 한국의 장인 기술과 지식을 일본에 전수해 정교한 일본 공예품의 근간을 만든 선조들에 비해 지금 장인들의 작품은 현저히 천편일률적이다. 한 가지 원인으로 전반적으로 사람들이 가난하므로 생필품 외에 돈을 쓸 수 없다는 것을 들 수 있다. 모든 가정에서 가능하면 자급자족을 하고 있다는 사실도 또 다른 이유가 될 것이다. 모든 한국 여자들은 옷과 신발을 만들 수 있고, 베틀로 천을 짤 수 있는 사람도 많다. 남자들도 농사에 쓰이는 간단한 연장이나 마구(馬具)를 제작할 수 있다.

이러한 물건들의 수요는 거의 없다시피 하므로 만들거나 파는 사람은 이익이 매우 적을 수밖에 없다. 그러나 전문 도예가가 빚은 도자기에서조차 일본이나 중국처럼 평범한 물건에 세련된 감각을 더한 디자인과 장식은 나타나지 않는다. 한국에 온 외국 관광객들도 일반적으로 살 만한 물건이 하나도 없다고 불평을 한다.

제 12 장
관습과 예식

나는 한국의 예의범절을 적으면 책 한 권은 족히 될 것이라고 생각한다. 관혼상제는 거의가 온갖 엄격한 예의범절에 얽매여 있다. 혼례와 상례 같은 큰 행사는 정해진 예법에 따라 치러야 한다. 아들의 혼처를 정해야 하는 아버지는 이웃의 집안 가운데 적절한 나이의 규수를 찾아 탐문한다.

혼처를 정할 때는 지켜야 할 한 가지 제약이 있다. 같은 성을 가진 사람과는 결혼을 할 수 없다는 것이다. 한국에는 일가 혹은 성이 불과 150여 개밖에 없다는 달레의 주장을 고려한다면, 다른 조건이 모두 마음에 들더라도 이 규정이 결국 걸림돌로 작용하는 경우가 흔할 것이다. 규수가 정해지면 신부 아버지의 승낙을 받아

미혼 소녀.
기수 혹은 파발꾼.

상투 튼 기혼 남성.
시주받는 수도승.

야 하는데, 그는 먼저 맹인 점쟁이에게 신랑과 신부의 사주를 가져가 궁합이 좋은지를 판가름해봐야 한다. 궁합이 좋으면 판수 혹은 점쟁이에게 길일을 받아서 혼례 날짜를 정한다. 결혼식 전날, 신랑은 친구들의 도움을 받아 상투를 틀어 올린다. 즉 한국어 표현이 뜻하듯이, 이것은 신랑의 길게 땋은 머리를 풀어 위로 끌어올려서 비틀어 정수리에 만든 매듭으로, 기혼자를 나타낸다. 신부 집에서도 신부는 처녀 시절 친구들과 함께 비슷한 예식을 올린다. 신부는 땋은 머리를 감아 느슨한 매듭을 만들고 한두 개의 은비녀를 매듭 안으로 찔러 넣어 머리를 고정시킨다. 잔칫날 신부는 두꺼운 베일로 가린 채 문이 달린 가마를 타고 신랑의 집으로 간다. 친구와 친척들이 신부와 동행하는데, 그 대열에 혼례의 정절을 상징하는 기러기를 앞장세운다. 교배례는 몇 차례의 절을 주고받는 것으로, 이것은 서로의 혼인 서약을 뜻한다. 신부가 시아버지에게 네 번, 신랑에게 두 번 절을 하면 신랑은 신부에게 네 번 절을 한다. 다음으로 두 사람은 서류에 서명을 한다. 간혹 글을 읽지 못하는 신부가 있다면, 그녀는 종이 위에 왼손을 쫙 펴 놓고 직접 손의 윤곽선을 따라 그린다. 그다음 신부의 베일이 벗겨지면 남편은 신부를 보게 되는데, 아마 난생 처음 신부의 얼굴을 보는 신랑도 있을지 모른다. 혼례식 날과 그 후 며칠 동안 신부는 다른 사람들에게 정숙한 사람이라는 좋은 인상을 주기 위해 절대로 말을 삼가야 한다.

임종의 순간과 사후에 따르는 절차와 예식은 수없이 많다. 호랑이 피, 사슴 뿔(녹각), 혹은 인삼을 달인 탕약 같은 것으로 마을 의원의 최후 시술을 받게 하고, 다음으로 무당에게 치료를 맡겨 소생시킬 수 없으면 죽어가는 사람을 바닥에 눕히고 문을 활짝 열어둔다. 임종의 순간, 죽음을 맞는 사람의 가까운 친척이 그의 곁에서 혼령들에게 기원을 하면 좋다. 이렇게 하지 않으면 떠나는 영혼은 귀신의 세계에 발을 내딛지 못하며, 버림받은 혼령으로 허공을 떠돌게 된다. 이런 귀신은 인간에게 악의를 품는다. 부잣집에서는 특별히 빈소를 차려 몇 달 동안 시신을 두꺼운 나무 관에 넣어둔다.

친아들이나 양아들은 매일 빈소에 들어와 슬퍼하고 애도를 해야 한다. 회색의 까칠까칠한 면으로 된 긴 상복을 입고 마 소재의 천 조각으로 머리를 감싼 아들은 관 앞에 엎드려 "아이고, 아이고." 하며 괴롭게 신음한다. 관아(官衙)에서 『상제의 지침서』를 배포하고 있는데, 이 책자에서는 울어야 하는 횟수뿐 아니라 부모와 다른 친척에게 적당하게 들릴 수 있는 울음소리의 크기까지 지시하고 있다! 한국인이 고인을 매장하기 위해 가장 좋아하는 묘의 위치는 낮은 언덕의 경사진 풀밭이다. 장례 행렬에는 고용된 조문

상제.

객 여러 명이 등불을 들고 앞장서거나 동행한다. 종종 해가 진 후에 장례식이 거행되는 경우 등불을 밝히게 되는데, 이 불빛은 창백한 표정의 조문객들이 타고 가는 하얀 가마 행렬을 기이하고 비현실적인 모습으로 보이게 한다. 유일하게 관 색깔만 눈에 띄는데, 고대 중국 양식의 울긋불긋한 색이 칠해져 있다. 관을 뒤따르는 고인의 아들은 손에는 흰색 지팡이를 들고, 애통함을 드러내는 표시로 다 찢어지고 흙으로 더럽혀진 상복을 입고 간다.

또한 누구를 방문할 때에도 엄격한 예의범절이 따라다닌다. 주인과 손님이 같은 신분이라면 주인은 서쪽을 향하고 손님은 동쪽을 향해 앉는다. 둘 중 한쪽의 신분이 낮은 경우, 그 사람은 북쪽 맞은편 자리에 앉아야 한다. 큰 명절인 설날에는 의례적인 방문을 한다. 그때가 되면 친구들 사이에 선물을 주고받으며, 관습에 따라 신세를 진 일이 있으면 모두 갚아야 한다. 설날 이외의 한국의 주요 경축일과 명절에는 한해의 다양한 절기 축제일, 석가모니 축일과 임금의 탄신일이 있다. 봄이 되면 여러 마을 주민들 사이에서 난투전[83]이 벌어진다. 이 놀이의 주요 무기로는 돌멩이가 사용된다. 이러한 난투전에서는 항상 부상자가 많으며, 한두 명의 사상자가 생기기도 한다. 그럼에도 정부에서는 이러한 국민적 스포츠에 일절 참견하지 않는다!

제 13 장
신앙과 미신

대부분의 원시 부족들과 마찬가지로 한국에서도 가장 오래된 종교는 틀림없이 애니미즘의 형태였을 것이다. 불교가 한국(Korea) 혹은 당시의 고구려(Korai)에 소개된 것은 4세기 무렵으로 불교 사원과 절이 창건되었으며, 널리 고타마 왕자[84]의 자비로운 가르침이 전해졌다. 백성들에 대한 불교 승려와 수도승들의 정신적 영향력이 오랫동안 강력하게 지속돼왔다.

이러한 사실은 912년에 중국에 대한 성공적인 반란을 일으킨 사람이 바로 승려였다는 사실에서 잘 나타난다.[85] 현재 한국에서 불교에 대한 평판은 좋지 않다. 불교의 수도 사원과 절의 수는 여전히 많지만, 절은 푸대접을 받고 수도 사원에 대해서도 관심이 소

동궁[86] 도서관.

홀하다. 스님과 비구니들은 전국 곳곳을 다니며 구걸을 하는데, 이들에게 시주하는 것을 거절하는 일은 거의 없다. 그렇지만 이것은 시주를 받는 사람의 종교적 인품에 대한 존경 때문이라기보다는 오히려 주는 사람들의 친절한 성품 때문이다.

1368년 이태조가 즉위하면서 불교를 배척하고 유교를 나라의 종교로 세웠다. 유교는 부모와 연장자를 극진히 공경할 것을 대중에게 가르친다. 중국에서처럼 스물네 가지 효도의 예[87]는 예술가들이 붓으로 즐기는 주제이다. 한국의 젊은이들은 효자라는 생각을 떨쳐버릴 수가 없다. 그래서 아들 자신이 백발의 노인임에도 노부모가 세월의 무게를 잠시 잊기를 바라는 마음에서, 아마도 50년

전 혹은 유년기에나 했을 법한 행동으로 부모 앞에서 껑충거리며 까불고는 한다. 또 다른 예로 파리가 아버지의 단잠을 방해하는 것을 지켜본 아들은 자신의 몸에 꿀을 바르고 노인 옆에 앉아서 윙윙거리는 파리 떼를 자신에게로 유인했다고 한다.

공자의 가르침에서 조상의 위패를 봉안하는 것은 신봉자의 의무이다. 부잣집에서는 커다란 신당을 따로 지어 고인을 기리는 귀중한 위패를 모신다. 한편, 가난한 집에서는 이 위패들이 거실 선반 위에 가지런히 놓여 있는 것을 볼 수 있다. 중국과 한국 사람들은 각각의 개인이 세 가지 영혼을 지니고 있다고 믿는데, 그중 하나는 죽음과 동시에 위패에 들어가야 하므로 위패는 일이 벌어지자마자 준비되어 있어야 한다. 한국인들에 의하면, 이 위패는 개 짖는 소리나 닭 울음소리가 들리지 않는 곳에서 자란 나무로 만들어야 한다. 3년 거상(居喪) 기간 동안 이 위패에 머물러 있는 고인의 영위(靈位)에 매일 상식(上食)과 함께 문안 인사를 올리고 분향을 한다. 사실상 유교 교리는 한국의 모든 지식인들의 학문이며, 고대 중국의 문학과 함께 그들의 학문적 기반을 이루고 있다.

그러나 한국의 백성들에게 가장 강력한 정신적 영향력은 고대 종교의 유물인 혼령에 대한 믿음이다. 한국인에게 혼령은 어디에나 존재하는 것이어서 허공에도 혼령이 떠돌고 산과 바위, 나무와 강에도 혼령이 산다. 더구나 한국인은 원한에 사무친 고인의 혼령을 두려워하고 위로한다. 외롭게 버려져 죽은 사람의 넋은 해로운 존재가 되므로 이들의 넋을 달래고 화를 풀어주어야 한다고 믿는다. 그래서 어디에서나 혼령을 모시는 사당을 볼 수 있다. 고갯마루나 골짜기 고목의 그늘 아래에 종종 돌무더기가 세워져 있는데, 여기를 지나는 행인은 옆으로 한 걸음 비켜나서 돌 하나를 더 쌓아 올리거나 공양물을 바친다.

무당 혹은 점쟁이는 혼령과 사람 사이에 통역자 혹은 중재자로 존재한다. 한국 사람들의 말에 따르면 그녀는 보이지 않는 존재들에 의해 선택을 받았으며 그 혼령을 섬기는 사람이다. '혼령의 부름'을 받은 여자는 지체 없이 집과 가족을 떠나 사회에서 쫓겨난 자로 산다. 이들 여자 마법사는 도성 안에서 사는 것이 허락되지 않기 때문이다. 오랫동안 한국에서 거주하고 있는 외국인들의 귀에 무당이 주술을 할 때 내는 북소리보다 더 익숙한 소리는 없을 것이다. 질병에 걸리면 무당을 불러 춤을 추게 하고 주문을 외우게 해 환자를 괴롭힌다고 생각되는 나쁜 혼령을 쫓아낸다. 간혹 이러한 주술적 행위는 악마를 잡아 병이나 단지 속에 가둠으로써 결론이 나는 경우도 있다!

나는 이런 무당의 춤을 몇 차례 목격했다. 내가 보기에 주술사

스스로가 일종의 무아경에 빠져드는 것 같았는데, 점차 춤의 강도가 강렬해지더니 마침내 그녀는 완전히 지쳐 바다에 푹 쓰러졌다. 조수들[88]이 쳐대는 둥둥 울리는 북소리, 쨍쨍거리는 심벌즈(꽹과리) 소리와 무당의 빙빙 도는 격렬한 몸짓이 한데 어울려 그 자체가 때로는 가련한 수난자에게 최후의 일격을 가하는 것 같다는 생각을 나로서는 하지 않을 수 없었다.

천지의 신들을 섬기는 제단(원구단)은 한국에서 가장 신성한 장소 중의 한 곳으로 서울 성곽 너머에 있는 소나무 숲에 위치해 있다. 이곳은 황제가 한 해의 제천 의식을 직접 거행하는 장소이다. 또한 이곳에서 1894년 이희는 중국과의 종주 관계를 공식적으로 단절하고, 조상들의 혼령에 참배함으로써 일본 정부의 자문에 따라 개혁을 시행하겠다는 의지를 입증해 보였다.

한국 사람들에게는 신기한 미신들이 많이 있다. 가령 매년 어느 시기가 되면 이들은 짚을 엮어 작은 신발이나 슬리퍼를 만든 다음 그것을 던져버린다. 그러면 신발과 함께 던진 사람의 죄가 따라가게 되고 경솔하게 그 신발을 줍는 사람이 그 죄를 뒤집어쓰게 된다!

지니고 다니는 부적도 많다. 곤충 모양의 부적을 특히 많이 쓰는데, 한국의 우화나 미신에서 중요하게 그려지는 곤충들이 주로 사용된다. 나는 서낭당 앞에 죽은 딱정벌레를 매달아 놓은 것을 직접 본 적이 있는데, 그 이후로도 그 일의 내막을 들을 수는 없었다. 새들 중에서는 매를 신성시해 어떤 이유를 막론하고 죽여서는 안 된다. 전설에 따르면 매는 해마다 '위대한 신령'에게 바칠 제물을 가져다준다.

고대에는 호랑이를 숭배했는데, 일반인들은 신비한 힘이 있는 동물로 생각했다.

신화적 동물로는 기린, 용, 봉황, 그리고 거대한 거북을 즐겨 상상했다. 기린은 뿔 하나가 달린 황소 머리에 기린의 몸과 사자의 꼬리로 표현되었는데, 이 동물은 평화와 기쁨의 상징이다.

천지신명에게 제를 올리는 제단.

용은 천지의 수호자로 여겨진다. 봉황은 사랑의 표상으로 훌륭한 군주의 탄생에 앞서 세상에 나타난다고 한다. 또한 거북은 영원불멸의 상징으로 흔히 비석의 받침돌에 거북을 표상하는 조각을 새긴다.

제 14 장
황제 행차

황제가 궁궐 밖으로 나가는 일은 매우 드물다. 그런 일이 생기면 황제를 따르는 울긋불긋한 색깔의 색다른 의상을 입은 긴 행렬이 장관을 이룬다. 내가 운이 좋았던지 때마침 서울에 있을 때 황후의 능[89]에 제를 올리기 위해 황제께서 특별 행차를 하셨다. 나를 포함한 몇 명의 외국인들도 황실의 초대를 받아서 능 근처의 정자에서 점심식사를 하고 그곳에서 장엄한 어가 행렬의 도착을 지켜보게 되었다.

그날은 10월의 멋진 가을날이었는데, 영국에서 전형적인 가을이라고 말하는 그런 날씨였다. 그렇지만 영국에서는 그런 날을 3~4일 이상 만나기 어렵다. 반면에 한국에서는 여름 장마가 끝나

김규해 씨, 현재 맥리비 브라운의 통역관.
(김 씨는 스케치에 그려진 모습이 자신을 잘 나타내지 못한다고 마음에 들어 하지 않았다.)

면 석 달 동안 거의 매일 햇살이 가득한 맑은 날씨와 상쾌한 공기를 기대할 수 있다. 이렇게 특별한 날 우리는 전차를 타고 도성의 동대문을 지나 행사지[90]에 도착했다. 동대문을 지나 3~4킬로미터 떨어진 그곳에 황후의 능이 있다. 능 자체는 그다지 매력적인 것이 없는 흉측한 구조물이다. 이 능은 궁정에서 왕비를 살해한 자들이 불태워 희생시킨 황후의 유해를 거두어 모은 것으로 세웠는데, 사건이 일어난 다음날 시종들이 충심을 다해 유해를 수습한 결과 손가락 뼈 한 마디밖에 찾을 수 없었다고 한다!

추도식장에 도착하자 궁정 통역자 두 사람이 우리를 맞이해주었다. 우리는 곧 참배자의 편의를 위해 능 근처에 세운 천막에 마련된 오찬 식탁으로 자리를 안내받았다. 매우 기분 좋은 점심식사였다. 그런데 지금 기억나는 음식이라고는 샴페인과 굉장히 딱딱한 분홍색 설탕물을 입힌 떡과 접시에 수북이 담긴 영국 과자밖에 없다. 식사를 마치고 우리는 천천히 걸으면서 황제 전하가 오고 있는지 살펴보았다. 황제는 서울의 반대 방향에서 들어올 예정이었다.

그는 이른 아침에 궁궐을 나서서 그곳에서 16킬로미터 거리에 있는 선조의 능을 참배하고 오는 길이었다. 우리는 서울 근교를 둘러싸고 있는 낮은 산언덕 한 곳으로 올라갔다. 울퉁불퉁한 화강암 사면은 풍화작용에 의해 깎이고 홈이 파였다. 여기저기 바위틈으로 자라다 만 소나무 가지들이 뚫고 올라와 있었고, 비탈진 언덕 위 큰 바위들은 담쟁이덩굴로 뒤덮여 있었다. 가을날 울긋불긋 화려한 담쟁이 빛깔이 하마터면 칙칙했을 경치에 생기를 돌게 했다.

우리는 산등성이에 서서 저 아래 계곡을 따라 굽이져 올라오는 황제의 행렬을 지켜보았다. 황금색 황제의 가마[91]와 함께 언제나 앞장서는 노란색 양산이 눈부신 햇살 속에서 눈에 띄었다. 행렬이 가까이 다가오자 붉은색과 노란색 옷을 입은 궁정의 시종 무리가 선두에서 행렬을 인솔하고 있는 것이 보였는데, 몇 사람은 신기한 자수가 새겨진 깃발을 들고 있었다. 그 뒤로 양반 혹은 귀족들이 말을 타고 뒤따르고 있었다. 잠시 뒤 능에 다다르자 귀족들은 각각 양편에 서 있던 하인들의 부축을 받으며 뻣뻣한 자세로 말에서 내려 능의 대문으로 어기적거리며 걸어갔다. 나약한 척하는 한국 양반의 모습 그 자체였다. 그들은 풍성한 자주색 소맷자락의 선홍색 관복을 차려입고 푸른색의 허리띠를 매고 한 다발의 공작 깃털로 장식된 푸른색의 중절모 같은 관모를 썼다. 이들은 관직을 나타내는, 파란 끈이 달린 매끈한 짧은 막대기[92]를 들었다. 바로 그 때, 열을 지어 행진하는 군졸 무리 한가운데서 황금빛 황실 옷을 입은 가마꾼들과 화려한 가마를 탄 황제가 눈에 띄었다. 황제 전하는 왕권의 상징인 용을 수놓은 푸른색의 관복(곤룡포)을 입었

황제의 시종.

고, 머리에는 궁정에서 쓰는 날개*가 달린 검은색 관모(익선관)를 썼다.

황제는 미소를 지으며 우리의 경례에 답례했다. 황제는 사실 외국인들이 찾아와 강제로 무엇인가를 강요하거나 요구하지 않는다면 외국인을 만나는 것을 즐거워했다. 아버지의 가마를 뒤따라 황태자의 가마가 들어왔다. 장차 한국 황제의 자리를 물려받을 황태자는 육체의 건강이라는 큰 축복을 누리지 못한다면 부와 권력도 덧없음을 대표적으로 보여주는 애처로운 인물이다. 황태자 뒤로 온갖 알록달록한 색깔의 옷을 입은 조신(朝臣)들과 측근들의 무리가 뒤따랐다.

행렬의 주요 인물들은 건물 안으로 사라졌다가 흰색 상복을 입고 다시 나와서 능문으로 들어갔다.

시간은 오후 4시였고 날씨는 매우 싸늘해졌다. 집에 가면 우리를 맞아줄 아늑한 난롯불이 그리워지기 시작했다. 그러나 황제의 손님들은 어떤 점에서는 초대를 받은 것이 큰 영광이었지만, 허락을 받지 않고 떠나서는 안 되었다. 그래서 우리는 지난번처럼 돌아

---

* 이 날개 혹은 측면에 덧붙인 장식물은 군주와 그의 수행자들이 모든 것을 경청하는 귀를 나타낸다.

가는 행렬에 합류하도록 황제가 권할까봐 걱정스러웠다.

　그러나 추후 참석을 면제한다는 황제의 전갈을 받고 우리는 걱정을 덜었다. 이 일은 온화한 황제의 인품이 우리를 감동시켜 진심으로 감사하게 했던 일례였다.

제 15 장
송도 인삼

인삼은 중국인들 사이에서 진짜 불로장생 약으로 여겨지는 귀한 약재로 한국에서 대량 재배된다. 미국 인삼이 중국에 소개되기 이전 18세기 동안 인삼 뿌리는 그 무게에 따라 금값으로 거래되고 있었다. 지금은 한 가리(cattee[93], 약 500g)에 60달러 혹은 그 이상으로 팔린다.

서울에서 약 89킬로미터 거리의 송도 지역은 인삼업의 중심지이다. 인삼 교역은 황실 전매업이므로 국가 관리들이 재배자로부터 전량 사들여 황제의 제조소로 가져가 판매용으로 다듬는다.

우리는 송도를 방문한 적이 있는데, 하루 종일 여기저기서 뿌리를 실은 조랑말과 머슴들이 끊이지 않는 물결을 이루며 제조소로 밀려들었다. 수킬로미터 가량의 인삼밭이 진기한 모습으로 펼쳐져 있었다. 짚으로 만든 오두막 안에 인삼을 줄지어 심어 태양열로부터 차단시켰는데, 오두막의 경사진 작은 지붕을 보고 있노라니 마치 피그미족[94] 마을의 거리를 내려다보고 있는 것 같다는 생각이 들었다.

수출하기에 적합한 제품을 만들기 위해서는 인삼 뿌리에 몇 가지 처리를 해야 한다. 먼저 거친 솔로 뿌리를 문질러 씻는데, 이때 작은 뿌리들 혹은 '수염들'이 떨어져 나가면 하등품으로 팔리게 된다. 씻은 후에는 몇 시간 동안 약한 불로 뿌리를 쪄낸 다음 평편한 소쿠리에 널어 햇볕에 쬔다.

대개 인삼은 우려낸 물의 형태로 섭취한다. 또한 인삼을 꿀에 재어 보관해두고 과자 형태로 먹기도 한다. 영광스럽게도 나는 이렇게 만들어진 인삼을 맛볼 수 있었는데, 아마 당시 건강 상태가 너무 좋았기 때문이었는지 흔히 인삼의 효능으로 일컫는 엄청난 활력을 경험하지는 못했다!

고대에 송도는 성벽으로 둘러싸인 중요한 도성이었다. 이곳은 왕궁의 터로 아직 그 유적이 남아 있다. 송도는 경치가 수려하다. 비옥한 계곡에서는 인삼이 자라고 계곡 양쪽으로 비탈진 낮은 언덕은 울창한 밤나무 숲을 이룬다. 송도에서 하나밖에 없는 유럽식 주택은 성안에서 제일 높은 지대에 있었는데, 다행히 우리는 친절한 미국 부인의 손님 자격으로 이 집에 머물렀다. 우리의 여행이 3일째 되는 날 아침에 일어나 보니 손님이 한 사람 더 늘었는데, 그는 황제의 분노를 피해 도망친 상태였다.

이 사람은 송도 신사 이 아무개라는 사람이었다. 그 사람의 정적(政敵)이 황제에게 상소해 그의 죄를 고했으며, 법을 집행하는 뮈르미돈[95]이 그를 하옥시키기 위해 송도로 오고 있다는 소식이 서울로부터 전해졌던 것이다. 그는 외국인의 집이라면 안전할 것으로 기대했다. 우리는 골방에 사는 도망자가 꽤 고풍스럽게 느껴졌다. 특히 해가 진 뒤에 그가 피난처에서 몰래 나와 우리가 앉아 있던 거실에 함께 있을 때 더욱 그랬다. 그렇지만 그는 그때조차도 어둠 속을 엿보며 (떨리는 손으로 블라인드를 살짝 들어 올린 채) 창가에 서 있곤 했다. 그가 그곳에 온 지 4일째 되던 날 한 친구가 전갈을 보내왔다. 그를 둘러싸고 일어났던 일장풍파가 지나갔다는 소식이었다. 우리를 떠나 가족의 품으로 돌아가게 된 이 씨는 행복한 듯 활짝 웃었다. 나는 그가 떠나게 되어 꽤나 섭섭했다. 아무리 작은 일이라도 자신이 동료를 위해 수호신 같은 역할을 한다는 생각이 들면 유쾌한 기분일 것이다. 한번은 내가 이 도망자에게 특별히 신경을 쓴 적이 있다. 당시에는 틀림없이 그의 은신처를 찾아

내려는 교활한 추적자로 보이는 사람을 따돌렸다고 확신했던 것이다. 어느 날 인삼 제조소를 방문했는데, 아주 중요한 인물들로 보이는 사람들이 갑자기 공장을 찾아왔다. 하늘색 옷을 입고 커다란 관리 증표를 앞에 단 풍채가 좋은 신사는 송도 지사라고 했다. 그는 아들과 함께였는데 얼굴빛이 창백한 젊은 아들은 영어로 말을 했다. 우리가 숙소로 돌아가려고 했을 때, 그는 직접 집까지 바래다주겠다고 했다. 이렇게 해서 집 앞까지 온 그에게 나는 "여기에서 돌아가는 게 좋겠다."며 푸대접을 할 수밖에 없었다. 나는 그 사람이 그곳을 염탐하려고 따라왔지만, 내가 가까스로 그를 따돌렸다고 확신했다. 그랬는데 며칠 뒤에 알게 된 사실은 대단히 충격적이었다. 그는 이 씨의 절친한 친구로, 전적으로 이 씨 편에 서 있는 사람이었다.

지난번 우리는 송도에 도착하자마자 —서울에서 수로로 올라오면서 여정이 더 걸렸으므로— 돌아갈 때는 다양한 경험을 위해서라도 육로로 가기로 결정했었다. 하루 만에 서울에 도착하려면 꼭 두새벽에 출발해야 하므로 우리는 새벽 4시에 일어나 꾸벅꾸벅 졸면서 가마를 타고 잠들어 있는 송도 시내를 빠져나와 어둡고 고요한 시골을 지나갔다. 지나가는 길 양쪽으로 그 귀한 인삼밭이 펼쳐져 있었고, 어두운 밭에는 조그맣게 솟은 단(壇) 위에 야경꾼들이 그림자처럼 서 있었다. 이따금 그중 누군가가 구슬프게 우는 것 같은 소리를 내곤했는데, 그 소리를 들은 다른 파수꾼들이 일제히 그 소리에 대답했다. 혹시나 있을지도 모를 도둑에게 겁을 주어 쫓아버리기 위해서라기보다는 각자 자신의 떨리는 마음을 진정시키기 위해서 그랬던 것 같다! 앞에서도 언급했듯이 한국인들은 그다지 용감하지 못하다. 우리는 간간이 마을을 지나고, 농장을 지나며 여행을 계속했다. 점차 일상의 표시들이 나타나기 시작했다. 창이나 문 밖으로 불쑥 내민 헝클어진 머리의 얼굴들이 보이곤 했다. 그리고 동쪽 하늘에서 첫새벽의 햇살이 부드러운 회색 구름 사이로 비칠 때쯤 우리는 다른 여행객들도 만나게 되었는데, 그들은 대부분이 보부상으로 긴 장대를 손에 들고 있었다.

여기까지 가마꾼들은 가마를 지는 사람 특유의 긴 보폭을 꾸준히 유지하며 신속하게 우리를 실어 나르고 있었다. 이러한 보폭으로 이들은 시간당 8킬로미터를 걷는다. 우리는 무게를 덜어줄 요량으로 몇 차례 가마에서 내려 짧은 거리를 걷기도 했다. 그러나 그때마다 가마꾼들은 우리에게 다시 가마에 오르도록 간청했는데, 우리의 느린 걸음으로 인해 그들의 일이 지체된 까닭이었다! 우리도 상당히 빨리 걷는 사람들이라고 자신했는데, 이 일로 인해 풀이 죽고 말았다. 우리에게 딸린 4인 2조의 가마꾼들은 가끔씩

교대로 가마를 멨다. 우리는 길거리에 가게가 나오면 가마를 멈추도록 해야 한다는 것을 알게 되었다. 그곳에서 가마꾼들은 엽전을 주고 호두와 곶감 같은 먹을거리를 구했는데, 이는 여행객들에게 아주 좋은 비상식량이었다. 10시쯤 되어 우리는 가마를 멈추고 가져온 아침식사를 했다. 우리는 빈집의 툇마루에 앉아 식사를 하고 있었는데, 한 무리의 한국 사람들이 몰려와서 물끄러미 우리를 쳐다보았다.

대낮에 지나온 지역에 대해서는 기억나는 것이 거의 없는데, 아마 내가 가마에서 불편하게 잠이 들었기 때문일 것이다. 간혹 잠을 자다가 깨어나 보면 아주 불편한 자세로 머리와 어깨를 가마 밖으로 내밀고 있었다. 우리는 오후 5시가 채 되기도 전에 서울에 들어왔다. 가마꾼들은 90여 킬로미터를 걸어온 뒤인데도 단거리 운행을 생략해야 할 만큼 피곤한 기색은 아니었다. 이들은 전문 직업인으로서 의당 손님을 목적지에 내려주어야 한다고 생각했다. 나는 낯선 사람의 집 앞에서 가마를 내리게 되면 굉장히 난처해지곤 하는데, 특히 그 집의 안주인과 심지어는 바깥주인까지 나를 맞이하기 위해 문간에 서 있으면 더욱 그렇다. 네 명의 건장한 가마꾼들에게 맡겨져 이리저리 기우뚱거리는 내 모습에서 과연 품위나 위엄을 찾아볼 수 있을까.

제 16 장
장거리 평양 여행

평양의 미국 선교공동체의 초대를 받아 우리는 그곳에 가기로
했다. 이윽고 어느 날 저녁 우리는 조선 가이샤선박회사(Kaisha
Line)의 작은 증기선에 승선했는데, 배는 새벽이 되어 출항했다. 우
리는 이틀간의 항해 끝에 새로 개항한 진남포(Chinampo)에 도착
했는데, 이곳에서 우리를 태우고 온 배는 24시간 동안 붙잡혀 있
어야 했다. 우리가 뭍으로 내려가자 관세청장[96]이 우리를 환대했
다. 이 사람은 이 지역의 유일한 유럽인으로 영국, 미국, 러시아 공
사의 임무도 수행했다. 그와 함께 정착민 마을을 천천히 둘러보는
동안 그는 외국 공관들이 세워질 부지를 가리켰다.

그런데 그곳을 보니 바닷물이 있어야 할 자리에 바다가 없고

저 멀리 밀려나 있었다! 썰물이 되어 물이 빠지고 난 자리에 반짝이는 갈색 진흙 벌판, 크고 작은 수많은 게를 마음껏 잡을 수 있는 드넓은 개펄이 드러났던 것이다. 현재의 진남포에는 일본인 정착촌이 막 자리를 잡아가고 있으며, 일본 여관 두 곳이 생겼지만 우리가 방문했을 당시 그곳의 상태는 조금 썰렁해 보였다. 다음날 새벽, 우리가 탄 증기선은 다시 평양을 향해 출발했고 머지않아 대동강에 진입했다. 우리와 동승한 승객 가운데에는 북쪽 지역의 금광으로 가는 미국인 기술자도 몇 명 있었다. 그리고 검은 '수단'[97]에 흰색 해 가리개를 쓴 말끔한 용모의 프랑스 신부 한 사람이 있었다. 신부의 말에 의하면 처음 그가 한국에 왔을 때, 즉 13년 전에는 정부 관리들의 외국인에 대한 태도 때문에 동료 선교사들과 함께 상복을 입고 상제로 가장하는 것이 때로는 편했다고 한다. 둘째 날 아침 평양에 도착한 우리는 따뜻한 환대를 받았다. 평양의 명소로는 기자릉(陵)과 기자가 세운 것으로 전해지는 유교 사원이 있다. 그리고 전쟁 유적지[98]도 있는데, 우리는 모팻 (Moffat) 씨와 함께 그곳을 방문했다. 그는 열정적인 선교사로 전쟁 기간 동안에도 내내 평양에 머물렀다고 한다. 우리는 작은 무덤이 흩어져 있는 낮은 산으로 올라갔다. 산 정상의 요새는 중국 청나라 군사들이 방어했었는데, 이곳에서 울창한 관목 덤불로 매복을 한 일본군의 기습 공격으로 중국군은 패했다. 청나라 군대의 용감한 제독 초(엽지초)가 패했던 것도 이 요새에서의 전투였다. 산기슭 평원은 치열한 싸움터, 아니 차라리 대량살육의 현장이었다. 유일하게 남은 훌륭한 제독마저 잃은 불행한 청군은 병사들이 미숙할 뿐 아니라 무기조차 제대로 갖추고 있지 않았던 터라 좋은 무기에 잘 훈련된 일본군에 의해 군사의 수가 수백 명으로 줄어들었다. 모팻 씨 말로는 전투가 벌어진 지 열흘 후 전장에는 펼쳐진 우산과 부채들이 사방에 흩어져 있었는데, 청나라 군인들이 이런 것들을 가지고 전투에 참가했다고 했다. 타구(Taku)[99]에서 청나라 군인들의 출격을 지켜보았다는 사람의 설명을 듣고 나는 전쟁이라는 준엄한 현실을 앞둔 군사들의 준비 상태가 얼마나 미흡했는지 눈앞에 그려졌다. "초라한 병사들이었죠."라고 정보를 준 사람이 말했다. "그들을 보니 정말 안타깝더군요. 대부분 하인들이나 농장 일꾼 같아 보였는데, 이들은 군대의 수를 부풀리기 위해 강제 징용된 사람들이었죠. 어떤 이들은 실제로 나무총으로 무장했고, 손에 새장을 든 사람들도 많이 있었어요!" 전쟁 유적지에서 멀지 않은 곳에 재미있는 미신의 흔적이 있다. 이것은 수직으로 세운 나무 기둥[100]인데, 배 모양으로 축조된[101] 평양성을 붙잡아 묶어두는 곳으로 간주된다. 이 기둥을 철거하게 되면 어떤 끔찍한 재난이 뒤따를 것인지는 독자들의 상상에 맡긴다!

평양 사람들은 혈통적으로 키가 컸으며 외모가 출중했다. 여자들은 둘레가 적어도 3.6미터쯤 되는 짚으로 만든 둥근 모자를 썼는데, 따라서 상상이 되듯 보행자들 간의 충돌이 잦았다.

평양에는 고성의 성벽 일부가 아직 남아 있었는데, 이곳이 고구려의 수도였음을 추정하게 하는 요소이다. 현재의 도성은 두드러진 특징이 없다.

우리는 다시 남쪽으로 돌아가고 싶어졌고, 이번에는 진남포까지 가기 위해서 정크선을 타고 항해해야만 한다는 사실을 알게 되었다. 친구들이 친절하게도 우리를 위해 모든 일들을 처리해주었다. 이렇게 해서 어느 날 오후 4시쯤 우리는 이틀간의 비상식량을 준비해서 배에 올랐는데, 같이 탄 네 명의 한국인 선원들이 다음날 저녁이면 진남포에 도착할 수 있을 것이라고 귀띔을 해주었음에도 그렇게 했다. 우리는 질긴 삼실에 꿴 엽전 꾸러미를 여행 경비로 받았다. 두 개의 선실 가운데 뱃머리에 가까운 침실이 우리에게 배정되었다. 사실 선실이라는 곳은 아주 작은 화물칸으로 가로 세로 2미터 넓이였다. 우리는 선실로 들어갈 때는 위쪽에서 뛰어내리거나 살짝 미끄러져 내려갔다. 방에는 가구가 하나도 없었지만 이상하게도 방의 구석진 곳들은 지나치게 어둠이 짙었다! 저

넉이 지나서 밤이 되어 배가 빠르게 항해하기 시작하자 M과 나는 선실로 뛰어내려가 거친 판자 위에 깔개를 깔고 나란히 누웠다. 그러나 결국 잠을 잘 수 없었는데, 동굴 같이 어둑한 우리의 휴식처 구석에서 소인 대군(大群)이 몰려나올 것만 같아 보였기 때문이었다. 릴리퍼트인[102]들에게 둘러싸인 걸리버와 같은 상황, 아니 그보다 더한 상황이었다! 우리는 피난처를 찾아 갑판 위로 올라갔다. 그러나 갑판 위에 대자로 뻗어 누워 있는 한국 사람들과 불쾌할 정도로 밀착할 수밖에 없어서 우리는 다시 내려오고 말았다. 우리는 첫 새벽빛에 의해 탁한 선잠에서 깨어났다. 우리가 탄 배는 하루 종일 이리저리 강을 헤쳐 비옥하고, 풍요롭고, 쾌적한 시골 지역을 통과해 앞으로 달려갔다. 그러나 해질녘이 되었는데도 아직 진남포에서 멀리 떨어져 있다는 사실, 그리고 소인들(피그미)과 함께 하룻밤을 더 보내야 한다는 사실을 알았을 때, 우리의 공포 그리고 거의 절망적인 두려움은 말로 설명할 수 없을 정도였다. 그 순간, 단언컨대 옛날 스코틀랜드의 망명자가 했던 "아, 왜 내가 집을 떠나왔을까?"라는 말이 내 마음속에서 메아리쳤다.

두 번째 밤의 공포는 조용히 지나가기 마련이다. 그 다음날 아침 진남포에 있는 작은 일본 여관까지 걸어가 그곳에 넉넉하게 마련된 깨끗하고 따뜻한 물을 마주했을 때, 우리에게는 어떤 호텔도 그보다 더 호화롭지 않았다.

이 불편한 경험은 한국에서의 나의 여행담 가운데서 다시는 되풀이하고 싶지 않은 유일한 것이다. 한국 외에 내가 지금까지 방문했던 어떤 나라도 운이 좋으면 언젠가 발길을 돌려 다시 그곳에 가 보았으면 하는 열망과 아쉬움으로 떠나온 곳은 없었다. 내 독자들도 나처럼 이 특이한 나라의 멋진 매력을 어느 정도 느꼈다면 이 작은 책이 헛되이 쓰인 것은 아닐 것이다.

이 책의 저자인 콘스탄스 테일러(Constance Jane Dorothy Tayler, 1868~1948)는 스코틀랜드 출신 화가로 알려져 있다. 결혼 후에는 남편의 성을 따라 콘스탄스 쿨슨(Constance J. D. Coulson)이라는 이름으로 작품 활동을 했다. 이 책 『스코틀랜드 여성 화가의 눈으로 본 한국의 일상』은 콘스탄스 쿨슨의 『코리아(Korea)』로 재출판되기도 했다. 다른 작품으로는 화가 핏쇼(Fitchew)와 공동 집필한 『세상 엿보기(Peeps at many lands)』가 있다. 이 책은 풍경화나 인물 스케치를 통해 구한말 조선의 모습을 사실적으로 그려낸 작품이다. 이외에 다른 작품은 알려진 바가 없다. 이러한 테일러의 작품들은 한국에 대한 문학적 혹은 정치적 관심이 아니라 화가로서의 관심을 반영한다.

이 책에서도 조선 말기의 한국인의 모습과 생활상을 작가가 직접 그린 스케치와 사진을 함께 실어서 당시의 현실적 모습을 시각적으로 표현하고 있다. 테일러가 구한말 조선에 들어온 과정에 대한 자세한 기록은 남아 있지 않다. 역사적 사실에 따르면, 1904년 러일전쟁 발생 이후 조선이라는 나라가 외국인들에게 알려지기 시작했고, 19세기 후반부터 개인 여행자나 화가들을 중심으로 한국을 방문하는 외국인이 많아졌다. 특히 1884년, 한영수호조약이 비준되면서 영국 여행자들이 빈번하게 한국을 찾게 됐다. 테일러도 당시 여러 영국 여성 화가들과 함께 한국에 들어왔을 것으로 추정되며, 1894년부터 1901년까지 한국에 머문 것으로 알려져 있다.

테일러의 작품은 구한말 조선의 일상생활상을 풍경화처럼 생동감 있게 그려낸다. 그녀는 일목요연한 논리나 역사적 사실을 기반으로 내용을 전개하기보다는 붓으로 대상을 다듬듯이 천천히 그려내는 자연스러운 언어를 구사한다. 책을 읽는 동안, 풍경이나 이미지가 그림처럼 펼쳐지는 회화적 스타일이 이 작품의 가장 큰 특징이라 할 수 있다. 서울 사람들이나 종로 거리를 설명할 때, 사람들의 차림새에서부터 분위기, 태도에 대한 섬세한 묘사와 관찰이 두드러진다. 가령 조선 사람들의 용모와 다양한 옷차림, 모자나 머리 장식, 상투를 튼 어린 신랑과 장옷을 쓴 여성들의 모습을 다채롭게 그려내며, 이국 문화에 대한 외국인의 호기심어린 관심을 찾아 볼 수 있다. 주홍색 치마저고리를 입은 하녀들이 "양귀비 꽃송이가 뒤집힌 모습" 같다거나 갓 상투를 튼 꼬마 신랑의 귀엽고 깜찍한 모습에 대한 묘사에서 외국인의 눈에 비치는 조선 시대 사람들의 모습을 엿보는 것도 이 책을 읽는 즐거움 중의 하나이다.

서울의 풍경과 사람들에 대한 생동감 있는 표현에도 불구하고 테일러의 작품에 등장하는 조선인들은 전반적으로 게으르고, 느리고, 무모하며, 체면 치례에 치중한다는 인상을 준다. 작품에 나타난 조선 시대 사람들의 성정은 예술가의 관찰에 의한 객관적 특징인지, 서양인들의 동양에 대한 선입견인지 정확한 판단을 내리기 어렵지만, 타 문화를 전형화하려는 서구 중심적 태도에 대해 지적하지 않을 수 없다. 서구인들의 시선에서 동양의 작은 나라 사람들은 어린아이 같이 순진무구하고, 문명화가 덜된 미개인으로 보인다. '훈련이 잘된' (영국산) 조랑말이 '한국 군인을 보고 수치스러워서 흥분한다'는 조선 말기 군인들에 대한 테일러의 언급에는 한국 군인의 위상에 대한 노골적인 폄하가 담겨 있다. 이뿐만 아니라 "황제 이희는 (……) 직위에 대한 책임보다는 자신의 안위를 우선한다는 점을 기억한다면, 그가 자신의 나라를 마지막 한 방울까지 쥐어짤 거대한 오렌지로 간주했다고 보아도 전혀 놀랄 만한 일이 아니다."라는 고종에 대한 그녀의 설명을 보자면 한 국가의 왕에 대한 무책임하고, 비논리적인 비판과 왜곡된 시선에 몹시 불쾌해진다. 이러한 부분에서 독자들은 그들과 우리로 구분되는 문화적 간극과 뚜렷한 시각의 차이를 볼 수 있을 것이다. 그러나 "한국 사람은 게으르고 성급하며, 앞으로의 일에 대해 해이한 경향이 있다."는 서구인의 불편한 평가는 부인할 수 없는 현실의 일부일지도 모른다. 이러한 시선에 대한 가치 판단을 유보하고, 타자의 시선을 인식해야 사회나 자아에 대한 편협한 생각에서 벗어나 성숙한 가치관을 정립하는 데 도움이 될 것으로 본다.

또한 조선의 고대 역사에 대한 설명은 다소 모호하고 거칠게 다루어지고 있다는 점을 지적하고 싶다. 이 작품에서 논하고 있는 역사적 사실이나 작가의 견해는 중국과 일본의 기존 역사관을 따르고 있으며 역사적으로 부정확한 부분도 있다. 이는 작가가 전문적인 역사가가 아니기 때문이기도 하지만, 한국의 고대 역사에 대한 문헌이 부족했기 때문일 것으로 추정된다. 특히 제5장 한국의 고대 왕국에서 기자 조선과 고구려 건국, 삼국통일의 역사를 다루면서 테일러는 정확한 문헌에 대해 언급하지 않았고, 고대 중국 작가들의 역사관을 인용하고 있다. 이것은 중국의 문헌들이나 다른 서구인들의 저서가 유일하게 서양인들이 한국의 고대사를 접할 수 있는 방법이었기 때문인 것에서 비롯되었으리라 짐작할 수 있다. 그러나 기자 조선이나 고구려를 중국의 봉건 속국으로 간주하는 고대사에 대한 중화주의적 관점은 조선 구한말의 역사를 다루는 작가의 견해에도 영향을 주고 있다. 스코틀랜드 여성이 본 조선 말 역사는 나약한 황제로 대변되며, 조선은 외국 열강들의 권력에 휘둘리는 무기력하고 미래를 내다 볼 수 없는 흥망의 기로에 선 작은 나라에 불과한 것 같다. 그녀에게 조선 왕조는 중국의 속국에서 벗어나자마자 일본이나 러시아 등 서양 열강의 정치적 개입에 속수무책인 비운의 작은 변방국이다.

스코틀랜드 여성이 바라보는 조선과 서울의 풍경은 익숙하면서도 생경하다. 이런 낯설음은 우리를 바라보는 시선과 우리가 생각하는 자아에 대한 인식의 간극에서 비롯될 것이다. 한국문학번역원의 〈그들이 보는 우리〉는 문화 간의 미묘한 인식의 차이를 확대하여, 타자의 시선을 통해 우리를 배우고자 하는 기획에서 출발하고 있다는 점에서 이 작품은 그 역할을 충실히 수행할 수 있을 것이다. 그녀의 글은 조선 사람들의 무기력하고 원초적인 모습을 언급할 때 불쾌하기도 하지만, 다양한 우리의 모습에 섬광 같은 깨달음을 일깨워주기도 한다. 무엇보다 예술가의 섬세한 관찰력과 자연스럽고 풍부한 표현력, 작가가 직접 그린 스케치들은 이 책을 읽는 독자들에게 또 다른 즐거움을 줄 것이다.

옮긴이 황혜조

옮긴이 주

1 저자가 5장에서 'Chosén'이라는 용어를 따로 쓰고 있는 것으로 보아 'Korea'는 조선이 아닌 한국을 뜻하는 말로 사용한 것 같다. 따라서 'Korea'는 '한국'으로 'Chosén'은 '조선'으로 번역했다.

2 방고래라고도 한다. 구들장 밑에 움푹 파인 공간을 뜻한다.

3 드레이크에 따르면 저자가 말하는 중국 상점은 중국 상인 아이타이(哀太)의 상점을 말하는 것으로 보인다. (H. B. 드레이크, 『일제 시대의 조선 생활상』, 신복룡 옮김, 집문당, 2000, p.119 참조.)

4 G.W.길모어의 『서울 풍물지』에서는 'squeeze'를 '쥐어짜기'로 번역했다. 하지만 본문에서는 쥐어짜기라는 말보다는 뜯어낸다는 의미가 구전이라는 명사와 어울려 '(돈을) 뜯어내다'로 번역했다. "조선의 하인들의 또 다른 특징은 쥐어짜기(squeezing)인데 이는 중국에서도 알려진 바이다. 조선의 상인들이 집으로 들여오는 모든 것에 대해서는 문지기가 부과하는 구전이 있다. 이 구전은 집안 살림을 맡은 하인들에게 배분된다. 그 결과 물건을 팔려는 상인은 항상 하인들에게 구전을 주어야 하는 양을 공제해야 한다." (G. W. 길모어, 『서울 풍물지』, 신복룡 옮김, 집문당, 1999, p.212.)

5 네 명이 메는 가마의 일종이다.

6 방립(方笠)을 말한다.

7 포선(布扇)을 말한다.

8 신혼인 남자를 일컫는 말이다.

9 육의전의 동쪽 거리를 말하는 것으로 지금의 종로 운종가 일부이다.

10 보신각 종을 말한다.

11 경복궁을 말한다.

12 집옥채와 건청궁을 말한다.

13 향원정을 말한다.

14 모메 라스(Mome Raths)와 재버워크(Jabberwock)를 말하고 있다. 루이스 캐럴의 『거울나라 앨리스』에 나오는 괴물 두더지와 날개가 달린 용 같은 상상의 동물을 말한다.

15 경운궁, 지금의 덕수궁으로 고종이 아관파천 후 보수해 새로 지은 궁을 말한다.

16 대안문, 지금의 대한문을 말한다.

17 경희궁을 말한다.

18 황학정을 말한다.

19 고종이 설치한 정보기관인 제국익문사(帝國益聞社)를 말한다.

20 승천하기 전에 땅에 서리고 있는 전설상의 용을 말한다.

21 원구단을 말한다.

22 원각사지 십층석탑을 의미한다.

23 탁지부의 영국 고문으로 총세무사 직위에 있던 인물이다.

24 서양란, 소프로니티스.

25 홍제천을 말한다.

26 보도각백불은 서울 서대문구 홍은동 옥천암 경내 5미터의 거대한 암벽에 새겨진 마애불로 정확한 명칭은 '홍은동 보도각마애보살좌상'이다. 흰색의 호분(胡粉)이 전체적으로 두껍게 칠해져 있기 때문에 백불(白佛) 또는 해수관음(海水觀音)이라고도 한다. 보도각백불은 홍지문 아래 홍제천 개울가에 위치하고 있다. (「네이버 두산백과」 참조.)

27 저자는 'Sun of Heaven'이라는 표현을 사용했는데 이는 청나라 황제를 의미한다.

28 가마채를 뜻한다.

29 청일전쟁을 말한다.

30 경운궁(덕수궁)은 고종이 재위 중 신궁으로 조성한 곳으로 혼란한 국내외 정세 속에서 고종은 이곳을 궁으로 정했다.

31 제주도 남쪽 섬 가파도를 의미한다.

32 COREA THE HERMIT NATION은 미국인 W. E. 그리피스가 영문으로 쓴 한국의 역사책이다. 1882년(고종 19년)에 초판이 간행되었다. (Griffis, COREA THE HERMIT NATION, 조선 W.H.

ALLEN&CO., 1882. 한국어판: W. E. 그리피스, 『은자의 나라 한국』, 신복룡 옮김, 집문당, 1999.)

33 원명원(圓明園), 청나라 황실의 별궁으로 서태후가 살았던 궁궐로 유명하다.

34 정족산성을 의미한다.

35 조일수호통상조약을 말한다.

36 조미수호통상조약을 말한다.

37 원래 은나라의 귀족이었다가 무왕이 주나라를 건국하자 한반도로 들어온 기자(箕子)를 기시로 발음한 것이다.

38 기자동래설에 따른 설명이다. 그러나 오늘날 역사의 정설에서는 기자동래설은 부인된다.

39 고조선을 말한다.

40 중국 둥베이(東北) 지방 남부 평원을 관류하는 강.

41 조선시대인 1413년(태종 13년)에 현재의 평양 일대 지역을 평안도로 지칭한 것을 참고한다면, 저자는 평안을 평양으로 잘못 들은 것 같다.

42 한나라 무제를 말한다.

43 소제목에서 저자가 말하는 'Korea'는 역사적인 맥락에서 볼 때 고구려를 뜻하는 것으로 보아 고구려로 번역했다. 본문에서 쓰고 있는 'Korai'도 고구려를

의미한다. 저자는 후삼국 시대의 후고구려를 뜻하는 용어로도 'Korai'를 쓰고 있다. 따라서 번역에서는 소제목을 제외하고, 저자의 용어를 존중해 'Korea'와 'Korai'를 모두 고려로 번역했으며, 'Korai'는 역주에서 고구려로 설명했음을 밝혀둔다.

44 부여를 칭하는 말이다. 부여라는 이름은 넓은 들판을 의미하는 벌 또는 사슴을 뜻하는 만주어 '푸후(puhu)'라는 말에서 비롯되었다.

45 고리로 불리기도 하는 고려는 고구려를 뜻하는 것으로 중국 사료집에 '고려국'으로 불리고 있는 데서 유래된다.

46 광개토대왕을 말한다.

47 장수왕을 말한다.

48 수양제에 의한 세 차례의 고구려 원정으로, 살수대첩이 첫 번째 원정에 해당된다.

49 고대 일본의 신화·전설 및 사적을 기술한, 오노 야스마로(太安麻呂)가 겐메이 천황(元明天皇)의 부름을 받아 저술했다고 하는 『고사기』 같은 책에 기록된 전설로 추정된다.

50 일본 14대 천황인 주아이(仲哀)의 후비 진구황후가 남편이 죽자 규슈 지역의 반란을 직접 진압한 뒤 여세를 몰아 신라의 해안

지역에 상륙해 신라를 비롯한 삼한을 정벌했다는 '삼한정벌설'이라는 신화를 말한다. (W. E. 그리피스, 『은자의 나라 한국』, 신복룡 옮김, 집문당, 1999, p.98 참조.)

51 저자가 고려 2대왕 혜종, 무(武)를 우로 잘못 기술한 것으로 보인다.

52 왕건을 말한다.

53 이성계를 말한다.

54 한양의 잘못된 표기로 보인다.

55 명나라 군대를 말한다.

56 명왕조의 몰락을 말한다.

57 강화도조약에 의해 한일수호가 체결되었고, 조선은 청나라로부터 간섭을 받지 않을 것을 결의했다. 제1조에서 조선은 자주국으로서 일본과 평등한 권리를 가진다고 규정되어 있으나, 이의 목적은 조선에서 청나라의 종주권을 배격함으로써 청나라의 간섭 없이 조선에 대한 침략을 자행할 수 있는 길을 모색하는 데 있었다.

58 가성직제도를 의미한다. 이승훈 등은 전도를 더 쉽게 하기 위해 자기들끼리 교계제도를 제정, 이승훈을 대주교, 권일신 유항검 등 10인을 사제로 삼았다. 이들은 성경 강론, 성체 성사 등 성직자 고유의 성무를 집행했는데, 이러한 체제를 가성직

제도라고 한다. (「네이버 두산백과」 참조.)

59 브뤼기에르는 파리 외방선교회 소속 신부로 방콕에서 신부로 있다가 캅세의 주교로 승진했으며, 조선에 교구가 설립되자 초대 조선 교구장이 되었다. 그러나 만주까지 왔다가 팔렬구에서 돌연 병사했다.

60 프랑스 파리의 외방선교회 소속의 신부 샤를 달레를 뜻한다. 조선을 방문한 적은 없었고, 다블뤼 신부가 수집해서 보낸 자료를 통해 파리에서 『한국 천주교회사』를 집필했다. (H. B. 헐버트, 『대한제국 멸망사』, 신복룡 옮김, p.139 참조.)

61 중국의 화물 운송용 목선을 말한다.

62 성공회 초대 주교를 말한다.

63 이 구절은 저자가 달레의 책에서 원문을 직접 인용하고 있다. "Les Coreens commencent a dire, Le roi voit rien, sait rien, peut rien faire."

64 헌종의 모후인 신정왕후를 뜻한다. 풍은부원군 조만영의 딸로 1819년(순조 19년) 세자빈에 책봉되고, 1834년 아들 헌종이 즉위하자 왕대비가 되었으며, 1857년(철종 8년) 대왕대비로 진봉되었다. 1863년 철종이 승하하자 흥선대원군 이하응의 둘째 아들(고종)을 즉위하게

해 대왕대비로서 수렴청정했고, 흥선대원군에게 정책 결정권을 주어 대원군의 집정을 이루게 했다.

65 궁내부 대신 이경직을 말한다.

66 왕은 러시아 공사관에서 1년 9일을 머물렀다.

67 그리스어로 '춤의 기쁨'이라는 뜻이다. 제우스와 기억의 여신 므네모시네 사이에서 태어난 아홉 뮤즈 가운데 하나이다. 예술에서 역사·천문학 등에 이르는 뮤즈들의 광범위한 학예 영역 가운데서 테르프시코레는 춤과 서정시를 주관한다.

68 궁중무용의 하나인 포구락을 묘사하고 있다. 1073년(고려 문종 27년) 중국 송나라로부터 전래된 여자 대무(隊舞)로 교방(敎坊)의 여제자 초영이 열세 명의 무원을 구성해 처음 연희한 당악정재에 속하는 춤으로 현재까지 전해지는 유일한 춤이다. 죽간자 두 명이 나와 마주 서면 꽃을 든 봉화와 붓을 든 봉필 두 명이 나와 포구문 동·서에 각각 갈라선다. 원무(元舞) 열두 명이 좌우 6대로 나누어 창사(唱詞)를 부르고 춤을 추다가, 오른손에 든 채구(나무로 만든 공)를 풍류안(포구틀 위에 뚫린 구멍)에 넣는 것을 겨루는 놀이 형식의 춤이다. 공이 풍류안을

통과하면 상으로 꽃을 받고, 넣지 못하면 벌로 얼굴에 먹점을 찍는다. (「네이버 두산백과」참조.)

69 포구문을 말한다.

70 풍류안을 말한다.

71 채구를 말한다.

72 앙트와네트 손탁을 말한다.

73 저자는 이 구절을 달레 신부의 책에서 직접 인용하고 있다. "Les Coreean, naturellement flaneurs et bavards, sont continuellement par voies et sur les chemins."

74 저자는 이 구절을 다른 책에서 직접 인용하고 있는데, 달레 신부의 책에서 인용한 것으로 보인다. "La grande vertu du Coreen est le respect de la fraternite humaine."

75 아명은 어린 시절의 이름으로 어른이 되면 더 이상 아명으로 불리지 않는다. 흔히 귀한 자손의 무병장수를 기원하는 염원을 담아 남자 아이들은 개똥이, 돌쇠, 도야지 등의 이름으로, 여자 아이들은 큰애기, 간난이 같은 이름으로 부른다. 관례(성인식)를 치른 후에는 관명을 지어 부르게 된다.

76 판수라는 말의 유래는 확실하지 않으나 조선 성종 때의 대제학 성현의 『용재총화』에 보면 "장님 점쟁이로서 삭발한 사람을 세상에서 선사(禪師)라고 하는데, 판수라는 이름으로도 불렸다."는 것으로 보아 중과 같이 머리를 깎은 소경 점쟁이를 일컫는 것으로 보인다. 소경 점쟁이들은 대개 산통·송엽 등으로 육효점을 쳤다. (「네이버 두산백과」참조.)

77 저자는 예순의 나이를 지칭하는 이순(耳順)의 뜻을 풀어서 설명하고 있다.

78 일본을 말한다.

79 스코틀랜드 출신 시인 로버트 번스의 시 '샌터의 탬(Tam o' Shanter)'에 나오는 주인공 탬을 지칭한다.

80 목이 없는 조선 시대의 신발인 혜(鞋)를 의미하며, 남자용은 태사혜, 여자용은 당혜 등이 있다

81 방갓, 혹은 백립과 패랭이를 말한다.

82 조선 시대의 사회 계층은 일반적으로 양반, 중인, 상민, 천민으로 구분되는데, 저자가 제시하고 있는 사회 계층 분류는 저자의 개인적 견해를 반영한 것으로 보인다.

83 서낭대 싸움을 말한다.

84 석가모니의 출가 이전 이름으로 고타마 붓다를 말한다.

85 후고구려를 건국해 북방정책을 폈던 궁예를 의미한다.

86 경복궁 동궁 별전을 의미한다.

87 효감동천(孝感東天), 친상탕약(親賞湯藥), 교지통심(咬指痛心), 백리부미(百里負米), 노의순모(蘆衣順母), 녹유봉친(鹿乳奉親), 희채오친(戲彩娛親), 매신장부(賣身葬父), 각목사친(刻木事親), 행용공모(行傭供母), 회귤유친(懷橘遺親), 매아봉모(埋兒奉母), 선침온금(扇枕溫衾), 습심이기(拾葚異器), 용천약리(涌泉躍鯉), 문뢰읍묘(聞雷泣墓), 유고불태(乳姑不怠), 와빙구리(臥冰求鯉), 자문포혈(恣蚊飽血), 액호구부(扼虎救父), 곡죽생순(哭竹生筍), 상분우심(嘗糞憂心), 기관심모(棄官尋母), 척친익기(滌親溺器).

88 굿중패를 의미한다.

89 명성황후의 능인 홍릉은 1897년에 지금의 청량리 자리에 있었다가 고종이 죽은 후 1919년에 지금의 남양주로 천장했다.

90 지금의 청량리를 의미한다.

91 어연을 말한다.

92 나무로 만든 홀을 말한다.

93 곡식이나 장작의 더미를 세는 단위로 한 가리는 스무 단을 의미하는데, 저자가 쓰고 있는 'cattee'라는 음성식 표기를 우리말 가리로 해석했다.

94 난쟁이를 말한다.

95 그리스 신화에서 성실하고 맹목적인 충성을 바치는 개미와 같은 용사들을 뜻하는 것으로 법의 충실한 집행자를 의미한다.

96 문맥으로 보아 당시의 관세청장인 독일 선교사 묄렌도르프를 의미한다.

97 신부가 입는 평상복을 뜻한다.

98 모란대와 을밀대를 지칭한다.

99 중국의 안동 지역의 타구 산을 말한다.

100 행주형(行舟形) 산성에서 돛대의 역할을 하는 기둥을 말한다.

101 배가 떠나기 전의 모습으로 지은 행주형 산성을 말한다.

102 『걸리버 여행기』에 나오는 소인국 사람들을 말한다.

프랑스 역사학자의 한반도 여행기 코리아에서
스코틀랜드 여성 화가의 눈으로 본 한국의 일상

펴낸날	초판 1쇄 2013년 12월 27일
	초판 2쇄 2022년 12월 6일

지은이	장 드 팡주, 콘스탄스 테일러
옮긴이	심재중, 황혜조
펴낸이	심만수
펴낸곳	(주)살림출판사
출판등록	1989년 11월 1일 제9-210호

주소	경기도 파주시 광인사길 30
전화	031-955-1350 팩스 031-624-1356
홈페이지	http://www.sallimbooks.com
이메일	book@sallimbooks.com

ISBN   978-89-522-2816-1 03910